D. Bloch

Geographische Namen kurz erklärt

Geographische Bausteine

Begründet von Nationalpreisträger Prof. Dr. H. Haack

Neue Reihe, Heft 34

Dieter Bloch

Geographische Namen kurz erklärt

VEB Hermann Haack
Geographisch-Kartographische Anstalt Gotha
1989

Lektoren: Helga Herr, Rolf Schadeberg, Gotha

ISBN 3-7301-0641-4

LSV 5009
2., durchgesehene Auflage 1989
VLN 1001, 320/129/89 (7927)
Lichtsatz: Karl-Marx-Werk Pößneck
Druck und buchbinderische Verarbeitung: Mühlhäuser Druckhaus
Hersteller: Peter Kuhr
Einband: W. Haferkorn, Rudolstadt

Best.-Nr. 966 963 7/Bloch/Namen-Geobau 34
00800

Zur Einführung

Das umfangreiche Informationsspektrum, das uns täglich über die modernen Medien erreicht, ist fast immer auf diese oder jene Weise mit geographischen Objekten verbunden. Wird die Karte nicht frei Haus mitgeliefert, so beantwortet ein Atlas Fragen nach Lage, Größe, Länge und anderem. Besonders aber für Objekte außerhalb unseres Sprachraumes wird gelegentlich auch die Frage gestellt werden: „Was bedeutet denn eigentlich der Name dieser Stadt, jenes Flusses oder Berges?" Atlanten, Karten und geographische Nachschlagewerke geben da kaum noch Auskunft. Sie wären wohl damit auch überfordert. Das vorliegende Bändchen soll Ihnen bei der Beantwortung solcher Fragen behilflich sein.

Oft deuten geographische Namen auf bestimmte Eigenschaften des jeweiligen Objektes hin, Siedlungen sind nach ihrem Gründer benannt oder tragen den Namen berühmter Persönlichkeiten. So spiegeln die Namen sowohl natürliche Zusammenhänge, z. B. zur Topographie, als auch die historische Entwicklung eines Territoriums und der darauf lebenden Menschen wider.

Je älter geographische Namen sind, um so schwieriger ist es zumeist heute, ihren Ursprung und ihre Bedeutung zu erkennen. Zwei Beispiele mögen dies verdeutlichen.

Die Entwicklung des heutigen Namens der portugiesischen Hauptstadt Lisboa (Lissabon) zeigt deren wechselhafte Geschichte, widergespiegelt durch die verschiedenen Namenformen wechselnder Sprachen aus unterschiedlichen Kulturkreisen. So soll der phönizische Name der Siedlung Alis-Ubbo gewesen sein, was mit „lustige Bucht" übersetzt werden könnte. Während der römischen Herrschaft lautete der lateinische Name Felicitas Julia, die Araber nannten sie Al-Uschbuna/Lischbuna. Daraus hat sich dann die heutige Namenform entwickelt.

Im Gegensatz dazu befand sich die Stadt Moskwa (Moskau) immer im gleichen, slawischen Sprachraum. So ist der Ursprung des Namens der sowjetischen Hauptstadt gesichert als slawisch anzusehen. Die erste schriftliche Erwähnung wird in das Jahr 1147 datiert. Es steht fest, daß zuerst der Name für den Fluß verwendet wurde. Für die Deutung der Herkunft und Bedeutung gibt es aber auch hier mehrere Versionen. Grundlage dürfte der slawische Wortstamm „Mosk“ mit der Bedeutung „sumpfig, morastig“ sein; am wahrscheinlichsten ist die Form „Mosky“ für den Fluß, von der Moskwa den Genitiv bildet.

Mit der Deutung der oft sehr komplizierten und nicht ohne weiteres zu klärenden Herkunft älterer Namen befaßt sich eine Spezialwissenschaft, die Namenkunde oder Onomastik. Über die Erforschung der Namen geographischer Objekte im deutschen Sprachraum sind eine ganze Reihe von Werken erschienen (z. B. für das Territorium unseres Landes jüngst das „Städtenamenbuch der DDR“ von E. Eichler und H. Walther, Leipzig 1986), in denen besonders die Namen slawischen Ursprungs einen größeren Raum einnehmen. Daneben gibt es sehr viele Namen, deren Herkunft relativ eindeutig ist. Dazu gehören z. B. Neustadt, Langenberg, Weißwasser, aber auch Ludwigsburg, Karlsruhe oder Karl-Marx-Stadt.

Auf die gleiche Weise haben sich in anderen Sprachräumen die geographischen Namen herausgebildet. Die Bedeutung bleibt uns aber wegen fehlender Sprachkenntnisse zumeist verschlossen. Nur mit diesem Namengut befaßt sich das hier vorgelegte Buch. Es soll besonders den Benutzern von Atlanten und Karten Hinweise zur Herkunft und Bedeutung geographischer Namen geben. Es sind auch nur Namen aufgenommen worden, die in den meisten in der DDR verbreiteten Atlanten (Schulatlas für die Klassen 6–11, Atlas für jedermann, Kartenband zu Meyers Neuem Lexikon) enthalten sind.

Um dem Benutzer die Möglichkeit zu geben, sich die Bedeutung geographischer Namen zu erschließen, befaßt sich der erste Teil des Buches mit einer Aufstellung von Wörtern aus fremden Sprachen, die häufig maßgebend an der Bildung von geographischen Namen beteiligt sind, bzw. die als geographische Gattungswörter gelten. Auf dieser Grundlage kann sich der Leser auch eine Reihe von Namen geographischer Objekte erklären, die er im folgenden Hauptteil nicht findet.

Dieser umfaßt eine alphabetisch geordnete Liste geographischen Namengutes, das die oben genannten Bedingungen erfüllt. Sie enthält zur Erklärung des jeweiligen Namens folgende fünf Angaben:

1. Name. – Die Schreibweise richtet sich nach den in der DDR für geographische Namen gültigen Richtlinien.
2. Gattungswort. – Hier wird erläutert, um welche geographische Einheit es sich handelt (z. B. Siedlung, See, Kap).
3. Territoriale Einordnung des jeweiligen Objektes (Kontinent, Staat, abhängige und sonstige Gebiete).
4. Herkunftssprache.

5. Erklärung oder Ursprung. – In Kurzform wird die Bedeutung erläutert bzw. werden Aussagen zu der Person gemacht, nach der das Objekt benannt ist. Stimmt die Nationalität einer Person mit der Herkunftssprache des entsprechenden Objektes überein, so wird diese nicht noch einmal erwähnt.

Die Bedeutung der verwendeten Abkürzungen, meist zur Kennzeichnung staatlicher Zugehörigkeit oder sprachlicher Herkunft benutzt, erläutert das an diese Einführung anschließende Abkürzungsverzeichnis. Leser, die die korrekte Aussprache der aufgeführten Namen interessiert, verweise ich auf das ebenfalls im Hermann-Haack-Verlag Gotha erschienene Bändchen „Geographische Namen – richtig ausgesprochen" von H. Täubert (4. Aufl. 1985). Eine Auswahl verwendeter Literatur zur Thematik dieses Buches schließt an die Namenliste an.

Der Verfasser dankt den Herren Heinrich Täubert, Dr. Hans Zikmund und Dr. Eberhard Benser für vielfältige Hinweise im Entstehungsprozeß dieses Buches.

Dieter Bloch
Gotha, 1988

Abkürzungsverzeichnis

abbasid.	abbasidisch	breton.	bretonisch
abchas.	abchasisch	brit.	britisch
adyg.	adygeisch	buddh.	buddhistisch
afrik.	afrikanisch	bulg.	bulgarisch
ägypt.	ägyptisch	burjat.	burjatisch
akkad.	akkadisch	burmes.	burmesisch
alb.	albanisch	bzw.	beziehungsweise
aleut.	aleutisch	chakass.	chakassisch
altai.	altaiisch	chant.	chantisch
amhar.	amharisch	chin.	chinesisch
angelsächs.	angelsächsisch	ČSSR	Tschechoslowakische Sozialistische Republik
arab.	arabisch	dän.	dänisch
aram.	aramäisch	dominikan.	dominikanisch
arg.	argentinisch	dt.	deutsch
armen.	armenisch	einheim.	einheimisch
aserbaidshan.	aserbaidshanisch	engl.	englisch
ASSR	Autonome Sozialistische Sowjetrepublik	erm.	ermordet
assyr.	assyrisch	eskim.	eskimoisch
austral.	australisch	estn.	estnisch
awar.	awarisch	etrusk.	etruskisch
aztek.	aztekisch	ewen.	ewenisch
balt.	baltisch	ewenk.	ewenkisch
baschkir.	baschkirisch	färö.	färöisch
bask.	baskisch	finn.	finnisch
Berberspr.	Berbersprachen	finnougr.	finnougrisch
bras.	brasilianisch	fränk.	fränkisch
		frz.	französisch

gäl.	gälisch
gall.	gallisch
georg.	georgisch
germ.	germanisch
gest.	gestorben
grch.	griechisch
grönländ.	grönländisch
hebr.	hebräisch
hottentott.	hottentottisch
illyr.	illyrisch
ind.	indisch
indian.	indianisch
indones.	indonesisch
ir.	irisch
iran.	iranisch
isl.	isländisch
islam.	islamisch
ital.	italienisch
jak.	jakutisch
jap.	japanisch
Jh.	Jahrhundert
jukagir.	jukagirisch
kabardin.	kabardinisch
kalmück.	kalmückisch
kan.	kanadisch
karel.	karelisch
karib.	karibisch
karthag.	karthagisch
kasach.	kasachisch
katalan.	katalanisch
kath.	katholisch
kaukas.	kaukasisch
KDVR	Koreanische Demokratische Volksrepublik
kelt.	keltisch
ket.	ketisch
kirgis.	kirgisisch
kopt.	koptisch
korean.	koreanisch
korjak.	korjakisch
laot.	laotisch
lapp.	lappisch
lat.	lateinisch
lett.	lettisch
ligur.	ligurisch
lit.	litauisch
maked.	makedonisch
mal.	malaiisch
mandschur.	mandschurisch
männl.	männlich
mans.	mansisch
masow.	masowisch
melan.	melanesisch
mex.	mexikanisch
mikron.	mikronesisch
moldau.	moldauisch
mongol.	mongolisch
mordwin.	mordwinisch
myth.	mythologisch
n.	nach
nana.	nanaisch
ndl.	niederländisch
nenz.	nenzisch
neus.	neuseeländisch
niwch.	niwchisch
nord.	nordisch
normann.	normannisch
norw.	norwegisch
o.	oder
osset.	ossetisch
österr.	österreichisch
permjak.	permjakisch
pers.	persisch
peruan.	peruanisch
phil.	philippinisch
phön.	phönikisch
poln.	polnisch
polyn.	polynesisch
port.	portugiesisch
preuß.	preußisch
prov.	provenzialisch
rätorom.	rätoromanisch
rev.	revolutionär
röm.	römisch
RSFSR	Russische Sozialistische Föderative Sowjetrepublik

rumän.	rumänisch
russ.	russisch
s.	siehe
schwed.	schwedisch
semit.	semitisch
serbokr.	serbokroatisch
singhal.	singhalesisch
skand.	skandinavisch
slaw.	slawisch
slowak.	slowakisch
slowen.	slowenisch
sowj.	sowjetisch
span.	spanisch
SSR	Sozialistische Sowjetrepublik
Sudanspr.	Sudansprachen
sumer.	sumerisch
swanet.	swanetisch
tadshik.	tadshikisch
tat.	tatarisch
Thaispr.	Thaisprachen
thrak.	thrakisch
tibet.	tibetisch
tschech.	tschechisch
tscherkess.	tscherkessisch
tschuktsch.	tschuktschisch
tschuwasch.	tschuwaschisch
tun.	tunesisch
türk.	türkisch
turkmen.	turkmenisch
Turkspr.	Turksprachen
tuwin.	tuwinisch
u.	und
udmurt.	udmurtisch
UdSSR	Union der Sozialistischen Sowjetrepubliken
uigur.	uigurisch
ukr.	ukrainisch
ung.	ungarisch
USA	Vereinigte Staaten von Amerika

US-am.	US-amerikanisch
usbek.	usbekisch
v.	von
VAE	Vereinigte Arabische Emirate
VDR	Volksdemokratische Republik
vermutl.	vermutlich
verw.	verwaltet
vietnames.	vietnamesisch
v. u. Z.	vor unserer Zeitrechnung
walis.	walisisch
weps.	wepsisch
*	Territorium unter direkter Verantwortung der UNO; z. Z. widerrechtlich von der Republik Südafrika besetzt

Alphabetisches Register geographischer Gattungswörter und ihre Erklärung

A

Á
isl.
Fluß

Å
dän./norw./
schwed.
Fluß, Wasser

Ab
pers.
Wasser

Abad
Hindi/pers./
Urdu
Stadt

Aber
kelt.
Mündung

Ada
türk.
Insel

Addis
amhar.
Neu

Adrar
Berberspr.
Berg

Agua
span.
Wasser

Ain
arab.
Brunnen, Quelle

Akrōtī́rion,
Akrōtḗrion
grch.
Kap.

Alta,
Alto
span.
Hoch, Ober-

Älv
schwed.
Fluß

Archaíos, Archaía,
Archaíon
grch.
Alt

Arroyo
span.
Bach

Ary
jak.
Insel

Átha
ir.
Furt

Aul
Turkspr.
Dorf, Gehöft,
Zeltlager

B

Bac
vietnames.
Norden

Bäck
schwed.
Bach

Bæk
dän.
Bach

Baga
mongol.
Klein

Bagno,
Bagni
ital.
Bad, Bäder

Baharu
mal.
Neu

Bahía
span.
Bucht

Bahr
arab.
Fluß, See,
Meer

Baía
port.
Bucht

Baie
frz.
Bucht
Baie
rumän.
Bad
Baile
ir.
Stadt
Bain,
Bains
frz.
Bad, Bäder
Bajan
mongol.
Reich
Bandar
Hindi/mal./pers.
Hafen
Banja
serbokr.
Bad
Barat
indones.
Westen
Baru
indones.
Neu
Baruun
mongol.
Westen
Bas,
Basse
frz.
Unter-, Nieder-
Basar
Turkspr.
Markt
Bay
engl.
Bucht
Bazar
Hindi/Urdu
Markt
Bei
chin.
Nord
Beled
Somali
Stadt
Ben
kelt.
Berg
Bereg
russ.
Küste,
Ufer
Besar
indones.
Groß
Bhum
Hindi
Land
Big
engl.
Groß
Bika
arab.
Tal, Ebene
Bilad
arab.
Land
Bir
arab.
Brunnen
Boca
port./span.
Mündung
Bocca
ital.
Mündung
Bolschaja,
Bolschoi,
Bolschoje
russ.
Groß
Borg
dän./schwed.
Burg
Borough, Brough,
Bury
engl.
ursprünglich
befestigte Stadt
Bouche
frz.
Mündung
Bourg
frz.
Flecken
Bridge
engl.
Brücke
Bro
dän./schwed.
Brücke
Brod
bulg./russ./slowak./tschech.
Furt
Bugt
dän.
Bucht
Bukit
indones.
Berg
Bukt
norw./schwed.
Bucht
Bulak
Turkspr.
Brunnen
Buri
Thaispr.
Stadt
Burun
türk.
Kap
Buur
Somali
Berg

Büyük
türk.
Groß

By
dän./norw.
Stadt

By
schwed.
Dorf

C

Cabo
port./span.
Kap

Caer
kelt.
Burg

Campo
ital./port./span.
Feld

Cap
frz./rumän.
Kap

Cape
engl.
Kap

Capo
ital.
Kap

Casa
ital./port./
span.
Haus

Castle
engl.
Burg

Çay
türk.
Bach

Cayo
span.
Klippe, kleine
Insel

Ceel
Somali
Brunnen

Cerro
span.
Berg

Cester, Chester
engl.
Lager,
Festung
(von lat. castra)

Champ
frz.
Feld

Château
frz.
Burg,
Schloß

Chem
tuwin.
Fluß

Chiang
Thaispr.
Stadt

Chico
span.
Klein

Chṓrion
grch.
Dorf

Chot
mongol.
Stadt

Chota
Hindi
Klein

Chrebet
russ.
Gebirge

Città
ital.
Stadt

City
engl.
Stadt

Ciudad
span.
Stadt

Co
tibet.
See

Coast
engl.
Küste

Costa
span.
Küste

Côte
frz.
Küste

Creek
engl.
Bach

D

Da
chin.
Groß

Da
jap.
Feld

Daban
burjat.
Paß

Dağı,
Dağları
türk.
Berg, Gebirge

Dai
vietnames.
Groß

Dake
jap.
Berg

DAL

Dal
norw./schwed.
Tal
Dan
korean.
Kap
Danau
indones.
See
Dao
chin./
vietnames.
Insel
Dar
arab.
Haus
Darja
tadshik.
Fluß, Strom
Daryacheh
pers.
See
Dasht
pers./Urdu
Wüste
Deir
arab.
Kloster
Dere
türk.
Tal, Bach
Desert
engl.
Wüste
Desh
Bengali/Hindi
Land
Di
chin.
Land
Didi
georg.
Groß
Djabal
arab.
Berg
Djazira
arab.
Insel
Do
korean./jap.
Insel, Gebiet
Dong
chin./
vietnames.
Osten
Dorno
mongol.
Ost
Droichead
ir.
Brücke
Dshu
korean.
Bezirk
Dun
kelt.
Burg
Durg
Hindi
Burg
Dvip
Hindi
Insel

E

East
engl.
Ost
Eau,
Eaux
frz.
Wasser
Elv
norw.
Fluß
Eski
türk.
Alt
Est
frz.
Ost
Este
span.
Osten
Étang
frz.
See, Teich
Ey,
Eyja
isl.
Insel
Ežeras
lit.
See
Ezers
lett.
See

F

Fall
engl.
Wasserfall
Falu
ung.
Dorf
Feng
chin.
Berg
Field
engl.
Feld
Firth
engl.
Bucht
Fiume
ital.
Fluß

Fjäll
schwed.
Berg, Gebirge
Fjell
norw.
Berg, Gebirge
Fjördhur
isl.
Bucht
Föld
ung.
Feld, Erde
Fontaine
frz.
Brunnen, Quelle
Fonte
ital.
Quelle
Ford
engl.
Furt
Forest
engl.
Wald
Fork
engl.
Gabelung, Quellfluß, Flußarm
Fors
schwed.
Wasserfall
Fort
engl./frz.
Festung
Foss
isl./norw.
Wasserfall
Foz
port.
Mündung
Fshat
alb.
Dorf
Fuente
span.
Quelle
Fuerte
span.
Festung
Fürdő
ung.
Bad
Fushë
alb.
Feld

G

Gam
Gujerati
Dorf
Gamle
dän.
Alt
Gan
Orissa
Dorf
Gang
chin.
Hafen
Gang
korean.
Fluß
Ganj
Hindi
Markt
Garh
Hindi
Burg
Gata
jap.
Lagune
Gawa
jap.
Fluß
Gawan
russ.
Hafen
Gharbi
arab.
Westlich
Giri
Hindi
Berg
Gji
alb.
Bucht
Glen
kelt.
Tal
Gol
mongol.
Fluß
Göl
türk.
See
Golema, Golemi, Golemo
bulg.
Groß
Gora
russ./serbokr.
Berg
Góra
poln.
Berg
Gorod
russ.
Stadt
Grad
bulg./russ./serbokr.
Stadt
Gran, Grande
ital./port./span.
Groß
Grand, Grande
frz.
Groß

GRE

Great
engl.
Groß

Gríva
lett.
Mündung

Gród
poln.
Stadt

Groot
afrikaans/ndl.
Groß

Guba
russ.
Bucht

Guchi
jap.
Mündung

Gulf
engl.
Bucht

Gunung
indones.
Berg

Gură
rumän.
Mündung

H

Ha
vietnames.
Fluß

Hafnar
isl.
Hafen

Hágia,
Hágion,
Hágios
grch.
Sankt, heilig

Hai
chin.
Meer

Halom
ung.
Hügel

Ham
engl.
Heim, Dorf

Hama
jap.
Strand

Hamina
finn.
Hafen

Hamn
norw./schwed.
Hafen

Hara
jap.
Feld

Harbor,
Harbour
engl.
Hafen

Hassi
arab.
Brunnen

Haut,
Haute
frz.
Hoch, Ober-

Haven
engl.
Hafen

Havn
dän./färö./
norw.
Hafen

Háza
ung.
Haus

He
chin.
Fluß

Head
engl.
Kap

Hegy
ung.
Berg

Hely
ung.
Ort, Stelle

Híd
ung.
Brücke

Higashi
jap.
Osten

High
engl.
Hoch

Hill
engl.
Hügel, Berg

Hisar
türk.
Burg

Hisn
arab.
Festung

Holm
dän./norw./
schwed.
Insel

Hora
slowak./tschech.
Berg

Hrad
slowak./
tschech.
Burg

Hu
chin.
See

Huk
dän./norw./
schwed.
Kap

I

I
jap.
Brunnen
Ich
mongol.
Groß
Île
frz.
Insel
Ilha
port.
Insel
İnce
türk.
Spitz
Inis
ir.
Insel
Inver
kelt.
Mündung
Irmak
türk.
Fluß
Isla
span.
Insel
Island
engl.
Insel
Isle
engl.
Insel
Iso
finn.
Groß
Isola
ital.
Insel
Iwa
jap.
Felsen

J

Ja
mans.
Fluß
Jacha
nenz.
Fluß
Jangal
Hindi
Wald,
„Dschungel"
Järv
estn.
See
Järvi
finn.
See
Jaskyňa
slowak.
Höhle
Jaure
lapp.
See
Jazero
slowak.
See
Jegan
chant.
Fluß
Jeskyeně
tschech.
Höhle
Jezero
serbokr./tschech.
See
Jezioro
poln.
See
Jiang
chin.
Fluß, Strom
Jiao
chin.
Kap
Jima
jap.
Insel
Jiu
chin.
Alt
Jõgi
estn.
Fluß
Joki
finn.
Fluß
Jokka
lapp.
Fluß
Jökull
isl.
Gletscher
Jug
russ.
Süden
Jurjach
jak.
Fluß
Kabir
arab.
Groß

K

Kai
jap.
Meer
Kajse
lapp.
Gebirge
Kala
arab.
Burg
Kale
türk.
Burg

Källa
schwed.
Quelle

Kalnas
lit.
Berg

Kalns
lett.
Berg

Kamen
russ.
Stein, Berg

Kampong
Khmer
Hafen,
Bootsanlegestelle

Kampong, Kampung
mal.
Dorf

Kand
Turkspr.
Dorf, Siedlung

Kantara
arab.
Brücke

Kasr
arab.
Burg

Kástron
grch.
Burg

Kaupunki
finn.
Stadt

Kawa
jap.
Fluß

Kecil
indones.
Klein

Kent
tadshik./Turkspr.
Stadt

Khalidj
arab.
Bucht

Kilde
dän.
Quelle

Kiri
Khmer
Gebirge

Kis
ung.
Klein

Kita
jap.
Norden

Ko
jap.
See

Ko
Thaispr.
Insel

Købing
dän.
Marktflecken

Koh
Khmer
Insel

Koh
Urdu
Berg

Kólpos
grch.
Bucht

Köping
schwed.
Marktflecken

Köprü
türk.
Brücke

Körfezi
türk.
Bucht

Koski
finn.
Wasserfall

Kossa
russ.
Nehrung, Landzunge

Kot
Hindi/Urdu
Burg

Kota
mal.
Stadt

Kou
chin.
Mündung

Köy
türk.
Dorf

Krókur
isl.
Kap

Kuala
mal.
Mündung

Kuchi
jap.
Mündung

Küçük
turk.
Klein

Kuh
pers.
Berg

Kúpele
slowak.
Bad

Kylä
finn.
Dorf

L

Lac
frz./rumän.
See

Lago
ital./port./span.
See

Laht
estn.
Bucht
Lahti
finn.
Bucht
Lake
engl.
See
Lázně
tschech.
Bad
Les
russ./
tschech.
Wald
Lille
dän./norw.
Klein
Limnī,
Limnē
grch.
See
Ling
chin.
Gebirge
Linn
estn.
Stadt
Linna
finn.
Burg,
Schloß
Liqen
alb.
See
Little
engl.
Klein
Loch
kelt.
See
Lor
chant.
See
Lough
kelt.
See
Lund
dän./norw./
schwed.
Wäldchen
Luoto
finn.
Schäre

M

Maa
estn./finn.
Land
Machi
jap.
Stadt
Madh
alb.
Groß
Madina
arab.
Stadt
Mae
Thaispr.
Fluß
Mägi
estn.
Berg
Mahal
Hindi
Schloß, Palast
Mäki
finn.
Berg
Makrá,
Makrón,
Makrós
grch.
Groß
Mal
alb.
Berg
Mała, Małe,
Mały
poln.
Klein
Mala,
Mali,
Malo
serbokr.
Klein
Malá,
Malé,
Malý
tschech.
Klein
Malaja,
Maloje,
Maly
russ.
Klein
Malka,
Malki,
Malko
bulg.
Klein
Man
korean.
Bucht
Manastir
bulg./serbokr.
Kloster
Mar
port./span.
Meer
Mar,
Mare
ital.
Meer
Mare
rumän.
Groß
Marsa
arab.
Hafen

Maža
lit.
Klein
Meer
ndl.
See (der)
Megála,
Megálo
grch.
Groß
Mer
frz.
Meer
Mesa
span.
Ebene
Mesto,
Město
slowak./tschech.
Stadt
Mezö
ung.
Feld
Miasto
poln.
Stadt
Mic, Mică
rumän.
Klein
Mikrá,
Mikrón,
Mikrós
grch.
Klein
Mina
arab.
Hafen
Minami
jap.
Süden
Minster
engl.
Münster
Misaki
jap.
Kap
Mond
ndl.
Mündung
Mont
frz.
Berg
Monte
ital./port./
span.
Berg
More
bulg./russ./
serbokr.
Meer
Mörön
mongol.
Fluß
Morze
poln.
Meer
Most
bulg./russ./
serbokr./tschech.
Brücke
Moto
jap.
Quelle
Mount
engl.
Berg
Mouth
engl.
Mündung
Mta
georg.
Berg
Mui
vietnames.
Kap
Mura
jap.
Dorf
Murun
mongol.
Fluß
Mys
russ.
Kap

N

Nada
jap.
Meer, Bucht
Nadi
Hindi
Fluß
Næs
dän.
Kap
Nagar
Hindi
Stadt
Nagorje
russ.
Bergland
Nagy
ung.
Groß
Nahr
arab.
Fluß
Nakhon
Thaispr.
Stadt
Nam
laot./Thaispr.
Fluß
Nam
vietnames.
Süden
Nan
chin.
Süden
Näs
schwed.
Kap

Naya
  Hindi
  Neu
Néa, Néon,
Néos
  grch.
  Neu
Neem
  estn.
  Kap
Nes
  isl./norw.
  Kap
Nẽsos,
Nĩsos
  grch.
  Insel
Ness
  kelt.
  Kap
Neuf,
Neuve
  frz.
  Neu
New
  engl.
  Neu
Niemi
  finn.
  Kap
Nieuw
  ndl.
  Neu
Nishi
  jap.
  Westen
Nishneje,
Nishni,
Nishnjaja
  russ.
  Unter-, Nieder-
Nĩsos,
Nẽsos
  grch.
  Insel

No
  jap.
  Feld
Noord
  ndl.
  Norden
Norte
  port./span.
  Norden
North
  engl.
  Norden
Nos
  bulg./russ.
  Kap
Nosy
  Malagasi
  Insel
Nou,
Nouă
  rumän.
  Neu
Nouveau,
Nouvelle
  frz.
  Neu
Nova,
Novi
  ital.
  Neu
Nova,
Novi,
Novo
  bulg./
  serbokr.
  Neu
Nova,
Novo
  port.
  Neu
Nowa,
Nowe,
Nowy
  poln.
  Neu

Nowaja,
Nowoje,
Nowy
  russ.
  Neu
Nuova,
Nuovo
  ital.
  Neu
Nueva,
Nuevo
  span.
  Neu
Nuruu
  mongol.
  Gebirge
Nuur
  mongol.
  See
Ny
  dän./norw./
  schwed.
  Neu

O

O
  jap.
  Groß
Ó
  ung.
  Alt
Ö
  schwed.
  Insel
Ø
  dän.
  Insel
Ob
  tadshik.
  Wasser

Odde
dän./norw.
Kap
Oka
jap.
Hügel
Old
engl.
Alt
Oost
ndl.
Osten
Oraș
rumän.
Stadt
Órē,
Órī
grch.
Gebirge
Óros
grch.
Berg
Osero
russ.
See
Ostrov
bulg./tschech.
Insel
Ostrow
russ.
Insel
Otok
serbokr.
Insel
Oud
ndl.
Alt
Ouest
frz.
West
Øy
norw.
Insel

P

Palaiá,
Palaión,
Palaiós
grch.
Alt
Parbat,
Parvat
Hindi/Urdu
Berg
Pazar
türk.
Markt
Peak
engl.
Berg
Pélagos
grch.
Meer
Peninsula
engl.
Halbinsel
Perewal
russ.
Paß
Petit, Petite
frz.
Klein
Pétra
grch.
Stein
Phnom
Khmer
Berg
Phu,
Pu
laot.
Berg
Phum
Khmer
Dorf
Pic
frz.
Berg
Pico
port./span.
Berg
Pils
lett.
Stadt, Burg, Schloß
Pinar
türk.
Quelle, Brunnen
Planina
bulg.
Gebirge
Playa
span.
Strand
Ploskogorje
russ.
Bergland
Pohja
finn.
Norden
Point
engl.
Kap, Punkt, Spitze
Pointe
frz.
Kap, Punkt, Spitze
Pole
bulg./poln./russ.
Feld
Pólis
grch.
Stadt
Polje
serbokr.
Feld
Poluostrow
russ.
Halbinsel
Pond
engl.
Teich
Pont
frz.
Brücke

Ponta
port.
Kap
Ponte
ital.
Brücke
Pool
engl.
Teich
Port
engl./frz.
Hafen
Porto
ital./port.
Hafen
Potamós
grch.
Fluß
Potok
bulg./russ./
tschech.
Bach
Pozo
span.
Brunnen
Pradesh
Hindi
Gebiet, Land
Praia
port.
Strand
Prameň,
Pramen
slowak./
tschech.
Quelle
Proliw
russ.
Meeresstraße
Pu
korean.
Stadt
Pu
laot.
Berg

Puebla, Pueblo
span.
Dorf
Puente
span.
Brücke
Puerto
span.
Hafen
Pulau
indones.
Insel
Punta
ital./span.
Kap
Pur
Hindi/Urdu
Stadt
Purana
Hindi
Alt
Pyhä
finn.
Heilig, Sankt

Q

Qiryat
hebr.
Stadt
Qu
uigur.
Fluß
Qundao
chin.
Inseln
Qytet
alb.
Stadt

R

Raas
Somali
Kap
Rags
lett.
Kap
Range
engl.
Gebirge
Ranta
finn.
Ufer
Rapids
engl.
Stromschnellen
Ras
arab.
Kap
Re,
Ri
alb.
Neu
Reef
engl.
Riff
Reka
bulg./russ./serbokr.
Fluß
Řeka
tschech.
Fluß
Ribeirão
port.
Fluß
Ridge
engl.
Höhenzug
Rieka
slowak.
Fluß
Rijeka
serbokr.
Fluß
Rio
port.
Fluß

Río
span.
Fluß
Rîu
rumän.
Fluß
River
engl.
Fluß
Rock
engl.
Felsen
Rt
serbokr.
Kap
Rud
pers.
Fluß
Rzeka
poln.
Fluß

S

Saar
estn.
Insel
Saari
finn.
Insel
Saghir
arab.
Klein
Sai
jap.
Westen
Saint
engl.
Sankt, heilig
Saint,
Sainte
frz.
Sankt, heilig
Saki
jap.
Kap
Sala
lett./lit.
Insel
Salar
span.
Salzsumpf
Saliw
russ.
Bucht
San
ital./span.
Sankt, heilig
San
jap./korean.
Berg
Santa, Santo
ital./port./span.
Sankt, heilig
São
port.
Sankt, heilig
Sapad
russ.
West
Sardyk
burjat.
Berg, Fels
Sato
jap.
Dorf
Scham
arab.
Norden
Schand
mongol.
Brunnen
Scharki
arab.
Östlich
Schatt
arab.
Salzsumpf, Flußbett
Schimal
arab.
südlich
Sea
engl.
Meer
Şehir
türk.
Stadt
Selatan
indones.
Süden
Selkä
finn.
Höhe, Rücken
Selo
russ./serbokr.
Dorf
Semlja
russ.
Land
Serra
port.
Gebirge
Sewer
russ.
Norden
Sfînt,
Sfînta,
Sfinţi,
Sfinte
rumän.
Sankt, heilig
Shahr
Hindi/pers./Urdu
Stadt
Shan
chin.
Berg, Gebirge
Shi
chin./jap.
Stadt
Shima
jap.
Insel

Shui
chin.
Wasser

Sierra
span.
Gebirge

Sint
ndl.
Sankt, heilig

Sjö
schwed.
See

Sjø
norw.
See

Skär
schwed.
Schäre

Skog
norw./schwed.
Wald

Skov
dän.
Wald

Små
dän./schwed.
Klein

Sø
dän./norw.
See

Son
vietnames.
Berg, Gebirge

Sòng
korean.
Burg

Song
vietnames.
Fluß

Sopka
russ.
Kuppe, Berg, Vulkan

Sør
norw.
Süden

Sound
engl.
Sund

South
engl.
Süden

Spa
engl.
Bad

Spring
engl.
Quelle

Stad
norw./schwed.
Stadt

Stara,
Stare,
Stary
poln.
Alt

Stara, Stari,
Staro
bulg./serbokr.
Alt

Staraja,
Staroje,
Stary
russ.
Alt

Štít
slowak./tschech.
Berg, Gipfel

Stoeng
Kh.ner
Flußarm

Stor
dän./norw./
schwed.
Groß

Strait
engl.
Meeresstraße

Su
Turksp.
Wasser

Suk
arab.
Markt

Sul
port.
Süden

Sur
span.
Süden

Suu
finn.
Mündung

Suur
estn./finn.
Groß

Sveta, Sveti
bulg./serbokr.
Sankt, heilig

Święta,
Święte,
Święty
poln.
Sankt, heilig

Swjatoi
russ.
Sankt, heilig

Sziget
ung.
Insel

T

Ta
jap.
Feld

Tall,
Tell
arab.
Hügel

Tanana
Malagasi
Stadt

TAN

Tanjung
indones.
Kap
Tassili
Berberspr.
Hochebene
Taung
burmes.
Berg
Tay
vietnames.
Westen
Teluk
indones.
Bucht
Tepe
türk.
Hügel
Terra
ital.
Land
Terre
frz.
Land
Thanh Pho
vietnames.
Stadt,
Stadtprovinz
Tierra
span.
Land
Timur
indones.
Osten
Tîrg
rumän.
Markt
Tizi
arab.
Paß
Tjube
Turkspr.
Hügel

To
jap.
Osten
Tó
ung.
See
Tonle
Khmer
Fluß
Torre
ital./port./span.
Turm
Town, Ton
engl.
Stadt
Tscha
tuwin.
Neu
Tschai
aserbaidshan.
Fluß
Tschhòn
korean.
Dorf
Tsu
jap.
Hafen
Tunturi
finn.
Berg (waldlos)

U

Udde
schwed.
Kap
Új
ung.
Neu
Ujście
poln.
Mündung
Ujung
indones.
Kap

Umnu
mongol.
Süden
Upe
lett./lit.
Fluß
Us
mongol.
Wasser
Ust
russ.
Mündung
Utara
indones.
Norden
Uttar
Hindi
Norden
Uul
mongol.
Berg
Uusi,
Uuden
finn.
Neu
Uwal
russ.
Höhe

V

Vaara
finn.
Berg
(bewaldet)
Vähä
finn.
Klein
Val
rumän.
Tal
Valle
ital./span.
Tal

Vallée
frz.
Tal
Valley
engl.
Tal
Vanha
finn.
Alt
Vár
ung.
Schloß, Burg
Város
ung.
Stadt
Vásár
ung.
Markt
Vatn
isl.
See
Vecchia,
Vecchio
ital.
Alt
Veche,
Vechi
rumän.
Alt
Velha,
Velho
port.
Alt
Velika,
Veliki,
Veliko
bulg./serbokr.
Groß
Velká,
Velké, Velký
tschech.
Groß
Ves
slowak./tschech.
Dorf

Vesi
finn.
See, Wasser
Vieja, Viejo
span.
Alt
Vieux,
Vieil,
Vieille
frz.
Alt
Vig
dän.
Bucht
Vík, Vik
isl./norw./schwed.
Bucht
Vila
port.
Stadt
Villa
ital./span.
Landhaus,
Siedlung
Village
engl./frz.
Dorf
Ville
frz.
Stadt
Vinh
vietnames.
Buch
Vîrf
rumän.
Berg
Víz
ung.
Wasser
Vjetër
alb.
Alt
Voda
tschech.
Wasser

Vogël
alb.
Klein
Vrch
slowak./tschech.
Berg
Vrh
serbokr.
Berg

W

Wahat
arab.
Oase
Wan
armen.
Siedlung
Wan
chin./jap.
Bucht
Water
engl.
Wasser
Webi
Somali
Fluß
Weli
georg.
Steppe
Well
engl.
Brunnen, Quelle
Werchnjaja,
Werchneje,
Werchni
russ.
Ober-
Weyn,
Weyne
Somali
Groß

Wich,
Wick
engl.
Ort, an dem
Salz gefunden
wurde
Wielka,
Wielki,
Wielkie,
Wielko
poln.
Groß
Wieś
poln.
Dorf
Woda
poln./russ.
Wasser
Wood
engl.
Holz, Wald
Wostok
russ.
Osten

X

Xi
chin.
Westen
Xian
chin.
Kreis
(Verwaltungs-
einheit)
Xiao
chin.
Klein
Xin
chin.
Neu

Y

Yam
hebr.
Meer
Yamz
jap.
Berg
Yar
Somali
Klein
Yeni
türk.
Neu
Yoma
burmes.
Gebirge
Yuan
chin.
Quelle

Z

Zaki
jap.
Kap
Zalew
poln.
Haff
Zaliv
bulg./serbokr.
Bucht
Zatoka
poln.
Bucht
Zawijat
arab.
Kloster
Zdrój
poln.
Bad
Zee
ndl.
Meer
Zhou
chin.
Gebiet
Ziemia
poln.
Land, Erde
Zuid
ndl.
Süden

Alphabetisches Register geographischer Namen und ihre Erklärung

A

Abakan
Fluß;
UdSSR
chakass.;
Wasserschwall, Fluß
Abbeville
Siedlung;
Frankreich
lat.;
Wohnort des Abtes
Abchasien
ASSR;
UdSSR
abchas.;
von Apsua, georg. Abschasi
= Mensch
Abeokuta
Siedlung;
Nigeria
Joruba;
Zuflucht zwischen den
Felsen
Aberdeen
Siedlung;
Großbritannien
kelt.
Mündung des Dee
Abidjan
Siedlung;
Côte d'Ivoire
afrik.;
vermutlich von M'bidjan
= schneide Blätter ab
Abilene
Siedlung;
USA
hebr.;
Stadt der Ebene
Abjad, Ar-Ras al-
Kap;
Mauretanien/Westsahara
arab.;
Weißes Kap
Abruzzen
Landschaft;
Italien
lat.;
vermutlich von Abruptus
= Abgebrochen
Achalkalaki
Siedlung;
UdSSR
georg.;
Neue Stadt
Achalziche
Siedlung;
UdSSR
georg.;
Neue Festung,
Neuenburg

Achtuba
Fluß;
UdSSR
kasach.;
vermutlich von Aktjube = weißer Hügel

Adamaua
Landschaft;
Kamerun/Nigeria
Sudanspr.;
nach Modibbo Adama (gest. 1848), Fulbe-Herrscher

Adana
Siedlung;
Türkei
phön.;
vermutlich Anmut, Üppigkeit, Fruchtbarkeit

Adapazarı
Siedlung;
Türkei
türk.;
Inselmarkt

Ad-Dakhila
Oase;
Ägypten
arab.;
Die Innere

Addis Abeba
Siedlung;
Äthiopien
amhar.;
Neue Blume

Ad-Duha
Siedlung;
Katar
arab.;
Die Bucht

Adelaide
Siedlung;
Australien
engl.;
nach Adelaide/Adelheid von Sachsen-Meiningen (1792–1849), brit. Königin

Aden
Siedlung;
VDR Jemen
arab.;
vermutlich Er blieb. (im Sinn von Wohnort)

Adirondack
Gebirge
USA
indian.;
Baumesser

Adrar
Gebirge;
Mauretanien
Berberspr.;
Gebirge

Adygien
Autonomes Gebiet;
UdSSR
abchas.;
vermutlich von Ady = Wasser, Adyger = Wasseranwohner

Afrika
Kontinent
vermutl. nach dem Stamm Afri im heutigen Libyen

Afyonkarahisar
Siedlung;
Türkei
türk.;
Opium-Schwarzburg, nach dem früheren Hauptanbauprodukt

Agadir
Siedlung;
Marokko
Berberspr.;
Festung

Agra
Siedlung;
Indien
nach der Legende von Arya Garh = Wohnort der Arier, der Reinen

Agua Prieta
Siedlung;
Mexiko
span.;
schwärzliches Wasser
Aguarico, Río
Fluß;
Ekuador
span.;
Wassereicher Fluß
Aguascalientes
Siedlung;
Mexiko
span.;
Warme Wasser
Agulhas
Kap;
Südafrika
port.;
Nadel
Agulhas Negras, Pico das
Berg;
Brasilien
port.;
Berg der schwarzen Nadeln
Ahmadabad
Siedlung;
Indien
Gujarati;
Stadt des Sultans Ahmad, des Gründers (1411)
Aígina
Insel;
Griechenland
grch.;
Ziegeninsel
Aigues-Mortes
Siedlung;
Frankreich
lat.;
von Aquae Mortuae = Tote Wasser
Ain Safra
Siedlung;
Algerien
arab.;
Gelbe Quelle
Ain Salih
Oase;
Algerien
arab.;
Guter Brunnen
Ai-Petri
Berg;
UdSSR
tat.;
Heiliger Petrus
Aix
Siedlung;
Frankreich
lat.;
von Aquas = Wasser
Ajan
Siedlung;
UdSSR
ewenk.;
Bucht
Akaba
Siedlung;
Jordanien
arab.;
Steiler Abhang
Akhdar, Al-Djabal al-
Gebirge;
Libyen
arab.;
Grünes Gebirge
Akhisar
Siedlung;
Türkei
türk.;
Weiße Burg
Akita
Siedlung;
Japan
jap.;
Herbstfeld

Aklavik
Siedlung;
Kanada
eskim.;
Es gibt Bären
Akmenrags
Kap;
UdSSR
lett.;
Spitzes Steinkap
Akron
Siedlung;
USA
grch.;
Hoch
Aksu
Siedlung;
China
Turkspr.;
Weißwasser
Aktau
Gebirge;
UdSSR
Turkspr.;
Weißes Gebirge
Aktjubinsk
Siedlung;
UdSSR
kasach.;
von Aktjube
= Weißer Hügel
Aktumysk
Kap;
UdSSR, Aralsee
usbek.;
Weißes Kap
Alabama
Gliedstaat;
USA
indian.;
Ich lichte das Dickicht.
Aladağ
Gebirge;
Türkei
türk.;
Bunter Berg
Alai
Gebirge;
UdSSR
Turkspr.;
Weide
Alakol
See;
UdSSR
Turkspr.;
Bunter See
Åland
Inseln;
Finnland
schwed.;
Wasserland
Alapajewsk
Siedlung;
UdSSR
russ.;
von Alapa = überschwemmte Gegend
Alasani
Fluß;
UdSSR
georg.;
Feuchte Stelle
Alașehir
Siedlung;
Türkei
türk.;
Bunte Stadt
Alaska
Gliedstaat;
USA
alëut.;
von Aljoschka
= Großes Land
Alatau
Gebirge;
UdSSR
kirgis.;
Buntes Gebirge

Albanien
Staat;
Europa
Land der Albaner; Es gab schon im Altertum einen illyr. Volksstamm der Albanoi.

Albany
Siedlung;
USA, New York
engl.;
nach dem Duke of York and Albany, dem späteren James II. (1633–1701), brit. König

Alberta
Provinz;
Kanada
engl.;
nach Albert von Sachsen-Coburg-Gotha (1819–1861), Ehemann der brit. Königin Victoria

Al-Bika
Landschaft;
Libanon
arab.;
Die Ebene

Alcántara
Siedlung;
Spanien
arab.;
Die Brücke

Aldan
Fluß;
UdSSR
mongol./Turkspr.;
Gold, goldführend

Al-Djabal-al-Akhdar
Gebirge;
Libyen
arab.;
Grünes Gebirge

Al-Djadida
Siedlung;
Marokko
arab.;
Die Neue

Alentejo
Landschaft;
Portugal
port.;
Jenseits des Tejo

Alessandria
Siedlung;
Italien
ital.;
nach Alessandro/Alexander III. (1105–1181), Papst

Alexandria
Siedlung;
Ägypten
grch.;
nach Alexander III., dem Großen (356–323 v. u. Z.), König von Makedonien

Alexandria
Siedlung;
USA
engl.;
nach Alexander Fulton, auf dessen Land der Ort 1785 gegründet wurde

Al-Fajum
Siedlung;
Ägypten
kopt.;
von Phiom = Meer

Alföld
Landschaft;
Ungarn
ung.;
Tiefebene

Algarve
Landschaft;
Portugal
arab.;
von Al-Gharb = der Westen

Algeciras
Siedlung;
Spanien
arab.;
von Al-Djazira al-Khadra
= Grüne Insel
Al-Gharbija
Gouvernorat;
Ägypten
arab.;
Die Westliche
Algier
Siedlung;
Algerien
arab.;
von Al-Djazair = Die Inseln
Al-Hadd
Kap;
Oman
arab.;
Die Spitze
Al-Hadjar
Gebirge;
Oman
arab.;
Der Stein
Al-Ismaïlija
Siedlung;
Ägypten
arab.;
nach Ismaïl Pascha
(1830 bis 1895), Vizekönig
von Ägypten
Al-Kaf
Siedlung;
Tunesien
arab.;
Der Felsen
Al-Kahira
Siedlung;
Ägypten
arab.;
Die Siegreiche
Al-Kantara;
Siedlung;
Ägypten
arab.;
Die Brücke
Al-Kasr al-Kabir
Siedlung;
Marokko
arab.;
Große Burg
Al-Khariga
Oase;
Ägypten
arab.;
Die Äußere
Al-Kuds
s. Jerusalem
Al-Ladhikija
Siedlung;
Syrien
grch.;
nach Laodikea,
Mutter von Seleukos I.
(um 358–280 v. u. Z.),
König von Syrien
Allahabad
Siedlung;
Indien
arab./pers.;
Stadt Allahs
Alma-Ata
Siedlung;
UdSSR
Turkspr.;
Apfelstätte
Almadén
Siedlung;
Spanien
arab.;
Das Bergwerk
Al-Mansura
Siedlung;
Ägypten
arab.;
Die Siegreiche

Almasny
Siedlung;
UdSSR
russ.;
Diamantenstadt

Almería
Siedlung;
Spanien
arab.;
von Al-Marijah = Beobachtungsturm

Altai
Gebirge;
UdSSR/China/Mongolei
mongol.;
vermutlich von Altan Ula = Goldgebirge

Altamura
Siedlung;
Italien
lat.;
Hohe Mauer

Altıntaş
Siedlung;
Türkei
türk.;
Goldener Stein

Al-Ujun
Siedlung;
Westsahara
arab.
Die Quellen

Amadeus
See;
Australien
span.;
nach Amadeo (1845–1890), König von Spanien

Amarillo
Siedlung;
USA
span.;
Gelb

Amazonas
Fluß;
Brasilien
indian.;
vermutlich von Amasunu = Großes stürmisches Wasser

Amerika
Kontinent
vom Geographen Waldseemüller 1507 nach dem italienischen Seefahrer Amerigo Vespucci (1451/54 bis 1512) benannt

Amersfoort
Siedlung;
Niederlande
ndl.;
Furt am Fluß Amer (heute Eem)

Amery-Schelfeis
Antarktis
engl.;
nach V. B. Amery, Generalgouverneur von Australien (1938)

Amguema
Fluß;
UdSSR
tschuktsch.
von Omwoïm = Breiter Fluß

Amiens
Siedlung;
Frankreich
kelt.;
nach dem Volksstamm der Ambiani

Amiranten
Inseln;
Seychellen
port.;
von Almirante = Admiral, durch Vasco da Gama, der diesen Titel erhalten hatte, 1512 benannt

Amman
Siedlung;
Jordanien
ägypt.;
nach dem altägypt. Gott Amun (= Der Verborgene)

Amritsar
Siedlung;
Indien
Hindi;
von Amrita Saras = See der Unsterblichkeit

Amsterdam
Siedlung;
Niederlande
ndl.;
Damm am Fluß Amstel

Amudarja
Fluß;
UdSSR
pers.;
Fluß bei der Stadt Amul (heute Tschardshou)

Amundsengolf
Arktischer Ozean
norw.;
nach Roald Amundsen (1872–1928), Polarforscher

Amur
Fluß;
UdSSR/China
ewen.;
vermutlich von Tamur = Großer Fluß

Anadyr
Fluß;
UdSSR
jukagir.;
vermutlich von Onun = Fluß

Anapa
Siedlung; UdSSR
tscherkess.;
vermutlich von Anappe = Tischkante (tischähnlicher Vorsprung der Küste)

Anatolien
Landschaft;
Türkei
grch.;
Morgenland

Anchorage
Siedlung;
USA, Alaska
engl.;
Ankerplatz

Ancona
Siedlung;
Italien
grch.;
von Ankon = Ecke, Kap

Andalusien
Landschaft;
Spanien
arab.;
Land der Vandalen

Andamanen
Inseln;
Indien
mal.;
vermutlich Inseln des Affengottes Handamen

Anden
Gebirge;
Südamerika
altperuan.;
vermutlich von Anta = Kupfer

Andropow
Siedlung;
UdSSR
russ.;
nach Jurij Wladimirowitsch Andropow (1914–1984), sowj. Staatsmann

Anegada
Insel;
Brit. Jungferninseln
span.;
Überschwemmt

Angara
Fluß;
UdSSR
Turkspr./mongol.;
vermutlich von Angar = Schlucht

An Giang
Provinz;
Vietnam
vietnames.;
Friedensfluß

Anglesey
Insel;
Großbritannien
altengl.;
Insel der Angeln

Angra do Heroismo
Siedlung;
Portugal, Azoren
port.;
Bucht des Heldenmutes (wegen des großen Widerstandes gegen die span. Eroberung 1580–1582)

Angren
Siedlung;
UdSSR
usbek.;
von Achangjaran = Schmiede, Ort der Schmiede

Anguilla
Insel;
(brit.)
span.;
Aal

Anhui
Provinz;
China
chin.;
zusammengesetzt aus den ersten Silben der Städte Anging u. Huizhou

Anjou
Inseln;
UdSSR
frz./russ.;
nach Pjotr Fjodorowitsch Anjou (1796–1869), Seefahrer

Ankara
Siedlung;
Türkei
grch.;
Anker, Krümmung des Flusses Ankara

Annapolis
Siedlung;
USA
engl. u. grch.;
nach Anne (1665–1714), britische Königin, und von Polis = Stadt

Anning He
Fluß;
China
chin.;
Friedensfluß

Anshan
Siedlung;
China
chin.;
Sattelberg

Antakya
Siedlung;
Türkei
grch.;
als Antiocheia 300 v. u. Z. von Seleukos I. zu Ehren seines Vaters Antiochus gegründet

Antananarivo
Siedlung;
Madagaskar
Malagasi;
Tausend Siedlungen

Antarktis
Kontinent
grch.
Der Arktis gegenüber

Anticosti
Insel;
Kanada
indian.;
Wo Bären gejagt werden
Antigua
Insel;
Antigua u. Barbuda
span.;
Alt
Antillen
Inseln;
Mittelamerika
grch./port.;
Vorgelagerte Inseln, Inseln vor dem Festland
Antipodeninseln
Neuseeland
grch.;
Gegenfüßler (da auf der gegenüberliegenden Seite der Erde)
Antwerpen
Siedlung;
Belgien
ndl.;
An der Werft o. am Damm
Aomen/Macao
Abhängiges Gebiet;
(port.)
chin.;
Tor zur Bucht
Aomori
Siedlung;
Japan
jap.;
Grüner Wald
Aosta
Siedlung;
Italien
lat.;
nach Augustus
(63 v. u. Z.–14 u. Z.),
röm. Kaiser

Apscheron
Halbinsel;
UdSSR
iran.;
Süßwasser
Apuseni, Munţii
Gebirge;
Rumänien
rumän.;
Westgebirge
Arabien
Halbinsel;
Asien
vermutlich hebr.-arab.;
Trockene Steppe
Aral
See
UdSSR
vermutlich Turkspr.;
Insel
Aranjuez
Siedlung;
Spanien
lat.;
von Ara Jovis
= Altar Jupiters
Aravalli
Gebirge;
Indien
Sanskrit;
Äußere Reihe
Arax
Fluß;
Türkei/UdSSR/Iran
grch.;
Rauschen
Arbil
Siedlung;
Irak
assyr.;
Vier Götter
Archangelsk
Siedlung;
UdSSR
russ.;

Erzengelstadt, nach dem Erzengel-Michael-Kloster

Ardennen
Gebirge;
Belgien/Frankreich
kelt.;
von Arduenna = Hochland

Argentinien
Staat;
Südamerika
lat.;
von Argentum = Silber, Silberland

Argun
Fluß;
China/UdSSR
burjat./mongol.;
Breiter [Fluß]

Århus
Siedlung;
Dänemark
dän.;
Flußmündung

Arizona
Gliedstaat;
USA
indian.;
Kleine Quelle

Arktis
Polargebiet
grch.;
von Arktos = Bär; nach dem im Norden stehenden Sternbild Großer Bär

Arnaoútis, Akrotírion
Kap;
Zypern
grch.;
Kap der Albaner

Arnhemland
Landschaft;
Australien
ndl.;
nach d. Arnhem, Schiff des Entdeckers Jan Carstensz (1623)

Ar-Ribat
Siedlung;
Marokko
arab.;
Befestiger Ort

Ar-Rif
Gebirge;
Marokko
arab.;
Rand des fruchtbaren Landes

Ar-Rijad
Siedlung;
Saudi-Arabien
arab.;
Die Gärten

Arroyo de la Luz
Siedlung;
Spanien
span.;
Bach des Lichtes

Arsamas
Siedlung;
UdSSR
mordwin.;
Ort der Ersja (mordwin. Stamm)

Artjom
Siedlung;
UdSSR
russ.;
nach dem Decknamen Artjom von Fjodor Andrejewitsch Sergejew (1883–1921), sowj. Staatsmann

Arunachal Pradesh
Gliedstaat;
Indien
Hindi;
Land des Sonnenaufgangs

Asahikawa
Siedlung;
Japan
jap.;
Ursprung des Flusses

Asbest
Siedlung;
UdSSR
russ.;
nach den Asbestvorkommen 1933 benannt, von grch. Asbestos = Unverbrennbar

Ascension
Insel;
St. Helena (brit.)
port.;
von Ascensão = Himmelfahrt

Aschchabad
Siedlung;
UdSSR
turkmen.;
Liebliche Stadt

Asch-Scharika
Siedlung
VAE
arab.;
Die Östliche

Asenovgrad
Siedlung;
Bulgarien
bulg.;
nach Asen II. (1218–1241), bulg. Zar

Aserbaidshan
SSR;
UdSSR
Turkspr.;
Feuerland, nach den Erdöl- u. Erdgasvorkommen

Asien
Kontinent;
assyr.;
von Assu = Aufgang der Sonne, Osten

Asmera
Siedlung;
Äthiopien
Tigre;
In Frieden leben

Assam
Gliedstaat;
Indien
Sanskrit.;
vermutlich Unvergleichlich

As-Sawira
Siedlung;
Marokko
arab.;
Die Schöne, die Vollendete

Assiniboine
Fluß;
Kanada
indian.;
vermutlich nach dem Indianerstamm der Assiniboin (= Einer, der mit Steinen kocht)

Assuan
Siedlung;
Ägypten
arab.;
Tor

Astoria
Siedlung;
USA
engl.;
nach John Jacob Astor (1763 bis 1848), US-am. Unternehmer

Astrachan
Siedlung;
UdSSR
tat.;
vermutlich abgabenfrei, von Steuern befreiter Schmied

Asunción
Siedlung;
Paraguay
span.;
Himmelfahrt

Atacama
Landschaft;
Chile

indian.;
Wüste
Athabasca
See;
Kanada
indian.;
Wo es Schilf gibt, Schilfsee
Athínai/Athen
Siedlung;
Griechenland
grch.;
Stadt der Göttin Athene
Äthiopien
Staat;
Afrika
grch.;
wahrscheinlich von Aithiopes
= Brandgesichter
Atlantischer Ozean
grch.;
nach der mythischen
Insel Atlantis
Atlas
Gebirge;
Algerien/Marokko
grch.;
nach dem Titanen Atlas
(= Träger) der Sage
Atlassow
Insel;
UdSSR
russ.;
nach Wladimir Wassiljewitsch
Atlassow (um 1661–1711),
Forscher
Ätna/Etna
Berg;
Italien
grch.;
vermutlich Feuerberg
Atschissai
Siedlung;
UdSSR
kasach.;
Salziger Bach
Attika
Landschaft;
Griechenland
grch.;
vermutlich von Akte
= Gestade, Ufer
Auckland
Siedlung;
Neuseeland
engl.;
nach George Eden Auckland
(1784–1849),
Generalgouverneur von
Indien
Aurora
Siedlung;
USA
lat.;
Morgenröte
Austin
See;
Australien
engl.;
nach dem Entdecker Robert
Austin
Austin
Siedlung;
USA
engl.;
nach Stephen Fuller Austin
(1783–1836)
Australien
Staat bzw. Kontinent
lat.;
von Terra Australis
= südliches Land
Avalon
Halbinsel;
Kanada
kelt.;
nach der sagenhaften
Insel Avalon der
Artussage

Aves
Insel;
Venezuela
span.;
Vogel
Avon
Fluß;
Großbritannien
kelt.;
Wasser, Fluß
Axel-Heiberg-Insel
Kanada
norw.;
nach Axel Heiberg, Finanzier einer Expedition von Otto Sverdrup
Ayacucho
Siedlung;
Ekuador
indian.;
Ecke der Toten
Ayers Rock
Felsen;
Australien
engl.;
nach Henry Ayers, Premierminister v. Südaustralien (1872)
Ayr
Siedlung;
Großbritannien
kelt.;
Klarer, schnell fließender, seichter Fluß
Azoren/Açores
Inseln;
Portugal
port.;
Habichtsinseln
Azul, Cordillera
Gebirge;
Peru
span.;
Blaue Kordillere

Bab al-Mandab
Meeresstraße;
Indischer Ozean
arab.;
Tor der Tränen
Babia Gora
Berg;
ČSSR/Polen
slaw.;
Berg der alten Frau
Babuschkin
Siedlung;
UdSSR
russ.;
nach Iwan Wassiljewitsch Babuschkin (1873–1906), Revolutionär
Babylon
Ruinenstätte;
Irak
semit.;
von Babilim
= Tor Gottes
Bacbo
Landschaft;
Vietnam
vietnames.;
Nördlicher Teil
Bachtschissarai
Siedlung;
UdSSR
tat.;
Gartenschloß
Back
Fluß;
Kanada
engl.;
nach George Back (1796–1878), Polarforscher
Badajoz
Siedlung;
Spanien

lat.;
von Pax Augusti
= Friede des Augustus
Baffinbucht
Kanada/Dänemark/Grönland
engl.;
nach William Baffin
(1584–1622), Seefahrer
Bafing
Fluß;
Guinea/Mali
Mande;
Schwarzer Fluß
Bagdad
Siedlung;
Irak
pers.;
Gottesgeschenk
Bagraxsee
China
uigur.;
Oasensee
Bahía Blanca
Siedlung;
Argentinien
span.;
Weiße Bucht
Bahr al-Djabal
Fluß;
Sudan
arab.;
Bergfluß
Bahr al-Ghazal
Fluß;
Sudan
arab.;
Gazellenfluß
Bahrein
Staat;
Asien
arab.;
Zwei Meere
Baicheng
Siedlung;
China
chin.;
Weiße Stadt
Bai He
Fluß;
China
chin.;
Weißer Fluß
Baikal
See;
UdSSR
mongol./Turkspr.;
Großes, reiches Wasser,
großer See
Baitoushan
Berg;China
chin.;
Weißkopfberg
Bajan-Uul
Siedlung;
Mongolei
mongol.;
Reicher Berg
Bakal
Siedlung;
UdSSR
Turkspr.;
Hoch
Baker
Insel;
(US-am.)
engl.;
nach Michael Baker,
dem Entdecker (1832)
Bakoye
Fluß;
Guinea/Mali
Mande;
Weißer Fluß
Baksan
Fluß;
UdSSR
tscherkess.;
vermutlich schäumender Wein

Baku
Siedlung;
UdSSR
pers.;
vermutlich von Baad-kube o. Baad-kiu = Stadt des Windes

Balachna
Siedlung;
UdSSR
russ.;
vermutl. v. Balachon = Kittel

Balaton
See;
Ungarn
slaw.;
vermutlich von Blato = Sumpf

Balboa
Siedlung;
Panama
span.;
nach Vasco Núñez de Balboa (1475–1519), Konquistador

Balchan
Gebirge;
UdSSR
iran.;
vermutlich zweites Stockwerk

Balchasch
See;
UdSSR
Kasach.;
Sumpf

Bald Head
Kap;
Australien
engl.;
Kahler Kopf

Balearen
Inseln;
Spanien
karthag./phön.;
vermutlich Inseln der Schleuderer

Balkan
Gebirge;
Bulgarien
türk.;
vermutlich Waldgebirge

Ballarat
Siedlung;
Australien
austral.;
Rastplatz

Balleny
Inseln;
Antarktis
engl.;
nach John Balleny, dem Entdecker (1839)

Baltimore
Siedlung;
USA
engl.;
nach der Familie Baltimore

Bamako
Siedlung;
Mali
Bambara;
von Bamo = Krokodil u. von Ko = sumpfiger Flußarm

Bandar Abbas
Siedlung;
Iran
pers.;
Hafen des Abbas I. (1557 bis 1585), Schah von Persien

Bandar Seri Begawan
Siedlung;
Brunei
mal.;
Hafen des verehrten Herrschers

Bandeira, Pico da
Berg;
Brasilien
port.;
Berg der Bandeira (Name der bras. Sklavenjagdexpedition)

Bangalore
Siedlung;
Indien
Kannada;
Dorf der gekochten Bohnen

Bangkok
Siedlung;
Thailand
Thaispr.;
vermutlich Ort der Ölbäume

Bangladesh
Staat;
Asien
Bengali;
Land der Bengalen

Bangweulu
See;
Sambia
Bantu;
Großes Wasser

Banja Luka
Siedlung;
Jugoslawien
serbokr.;
Lukasbad

Banksinsel
Kanada
engl.;
nach Joseph Banks (1743–1820), Forscher

BANZARE-Küste
Antarktis
engl.;
Abkürzung von British, Australian and New Zealand Antarctic Research Expedition = Britische, Australische und Neuseeländische Antarktisforschungsexpedition (1929/31)

Baotou
Siedlung;
China
chin.;
Kopftuch

Baoulé
Fluß;
Mali
Mande;
Roter Fluß

Baranof
Insel
USA
russ.;
nach Alexander Andrejewitsch Baranow (1746–1819), 1. Gouverneur von Alaska

Barbados
Staat;
Mittelamerika
port.;
nach den Bartfeigenbäumen (Ficus barbada)

Barcelona
Siedlung;
Spanien
angeblich von Hamilkar Barcas, karthagischer Feldherr, gegründet;
von Arabern Barscharuna genannt

Barentssee
Meeresteil;
Arktischer Ozean
ndl.;
nach Willem Barents (1550–1597), Seefahrer

Bari
Siedlung;
Italien
lat. o. illyr.;
von Baris = Schiff oder Graswiese

Barnaul
Siedlung;
UdSSR
kasach.;
Gute Viehweide

Barrancabermeja
Siedlung;
Kolumbien
span.;
Rote Schlucht

Barren Island
Insel;
Indien
engl.;
Öde Insel

Barrow
Kap;
USA
engl.;
nach John Barrow (1764–1848), Geograph und Förderer von Entdeckungsreisen

Barsakelmes
Insel;
UdSSR, Aralsee
Turkspr.;
Wenn er geht, kehrt er nicht wieder

Bartang
Fluß;
UdSSR
tadshik.;
Schmal an Breite

Basseterre
Siedlung;
St. Kitts u. Nevis
frz.;
Unteres Land

Bass-Straße
Meeresstraße;
Australien
engl.;
nach George Bass (1771–1803), Arzt u. Forscher

Bastia
Siedlung;
Frankreich, Korsika
ital.;
von Bastiglia = Zitadelle

Bat Dambang
Siedlung;
Kampuchea
Khmer;
Der den Stock schlägt

Bath
Siedlung;
Großbritannien
engl.;
Bad

Bathurst
Siedlung;
Australien
engl.;
nach Henry Bathurst (1762–1834), britischer Kolonialminister

Baton Rouge
Siedlung;
USA
frz.;
Roter Stab (nach einem Grenzpfahl des Siedlungslandes)

Batumi
Siedlung;
UdSSR
grch.;
vermutlich von Bathys = Tief

Bay City
Siedlung;
USA
engl.;
Stadt an der Bucht

Bay of God's Mercy
Meeresteil;
Kanada
engl.;
Gottes-Gnaden-Bucht

Bay of Islands
Meeresteil;
Neuseeland
engl.;
Inselbucht

Bay of Plenty
Meeresteil;
Neuseeland
eng.;
Bucht des Überflusses
Bayonne
Siedlung;
Frankreich
bask.;
Guter Hafen
Beaglekanal
Meeresstraße;
Argentinien/Chile
engl.;
nach der Beagle (= Spürhund), dem Schiff von Charles Darwin (1809–1882), Naturforscher
Beata
Insel;
Dominikan. Republik
lat.;
Die Glückliche
Beaufortsee
Meeresteil;
Arktischer Ozean
engl.;
nach Francis Beaufort (1774–1857), Admiral
Beaver Falls
Siedlung;
USA
engl.;
Biberfälle
Bedford
Siedlung;
Großbritannien
kelt./engl.;
Birkenfurt
Beer Sheva
Siedlung;
Israel
hebr.;
Ort des Schwures
Bei'an
Siedlung;
China
chin.;
Nördlicher Friede
Bei Jiang
Fluß;
China
chin.;
Nördlicher Fluß
Beijing
Siedlung;
China
chin.;
Nördliche Hauptstadt
Beira
Siedlung;
Moçambique
port.;
Ufer, Strand
Beirut
Siedlung;
Libanon
hebr.;
vielleicht von Beer = Brunnen
Bela Crkva
Siedlung;
Jugoslawien
serbokr.;
Weiße Kirche
Belaja
Fluß;
UdSSR
russ.;
Die Weiße
Belaja Zerkow
Siedlung;
UdSSR
russ.;
Weiße Kirche
Bela Vista
Siedlung;
Brasilien
port.;
Schöner Blick

Belcherstraße
Meeresstraße;
Kanada
engl.;
nach Edward Belcher (1799–1877), Seefahrer und Polarforscher

Beledweyne
Siedlung;
Somalia
Somali;
Große Stadt

Belém
Siedlung;
Brasilien
hebr.;
von Beit Lahm = Haus des Brotes

Belfast
Siedlung;
Großbritannien
kelt.;
Sandbankfurt

Belgien
Staat;
Europa
kelt.;
nach den nordgall. Volksstämmen der Belger (vorwiegend kelt., zum Teil auch germ. Herkunft)

Belgorod
Siedlung;
UdSSR
russ.;
Weiße Stadt

Belgrad/Beograd
Siedlung;
Jugoslawien
serbokr.;
Weiße Stadt

Beli Manastir
Siedlung;
Jugoslawien
serbokr.;
Weißes Kloster

Belinski
Siedlung;
UdSSR
russ.;
nach Wissarion Grigorjewitsch Belinski (1811–1848), rev. Demokrat

Belkowski
Insel;
UdSSR
russ.;
nach Belkowski, dem Entdecker (1808)

Bella Vista
Siedlung;
Argentinien
span.;
Schöner Blick

Belle-Ile
Insel;
Frankreich
frz.;
schöne Insel

Bellingshausensee
Meeresteil;
Stiller Ozean
russ.;
nach Faddej Faddejewitsch (Fabian Gottlieb) von Bellingshausen (1778–1852), Seefahrer

Belo Horizonte
Siedlung;
Brasilien
port.;
schöner Horizont

Beloje Osero
See;
UdSSR
russ.;
Weißer See

Belomorsk
Siedlung;

UdSSR
russ.;
Weißmeerstadt

Belopolje
Siedlung;
UdSSR
russ.;
Weißes Feld

Belucha
Berg;
UdSSR
russ.;
von Bely = Weiß (da mit Eis u. Schnee bedeckt)

Belyje Wody
Siedlung;
UdSSR
russ.;
Weiße Wasser

Belzy
Siedlung;
UdSSR
moldau.;
Sumpfiges Gebiet

Bendery
Siedlung;
UdSSR
tat.;
Hafen

Bendigo
Siedlung;
Australien
engl.;
nach William Thompson genannt Bendigo (1811–1880), brit. Boxmeister

Benevento
Siedlung;
Italien
lat.;
Stadt des glücklichen Geschicks

Bennett
Insel;
UdSSR
engl.;
nach James Gordon Bennett (1841–1918), US-amerikanischer Publizist

Ben Nevis
Berg;
Großbritannien
kelt.;
Schneeberg

Benue
Fluß;
Kamerun/Nigeria
Bantu;
Mutter des Wassers

Berd
Siedlung;
UdSSR
armen.;
Festung

Beresina
Fluß;
UdSSR
russ.;
vermutlich Birkenfluß

Beringstraße
Meeresstraße
UdSSR/USA
dän.;
nach Vitus Bering (1681–1741), Seefahrer in russ. Diensten

Berjosowo
Siedlung;
UdSSR
russ.;
Birkenort

Berkeley
Siedlung;
USA
engl.;
nach George Berkeley (1685–1753), Philosoph

Bermudas
Inseln;
(brit.)
span.;
nach Juan Bermúdez, dem Entdecker (1510)

Beschtau
Berg;
UdSSR
Turkspr.;
Fünf Berge

Beshezk
Siedlung;
UdSSR
altruss.;
Sumpfiger Ort o. Zufluchtsort

Bethlehem
Siedlung;
USA
hebr.;
von Beit Lahm = Haus des Brotes

Béthune
Siedlung;
Frankreich
kelt.;
wahrscheinlich von Between eye = Zwischen den Wassern

Betpak-Dala
Landschaft;
UdSSR
Turkspr.;
Böse Ebene, Gefahrenebene

Betwa
Fluß;
Indien
Sanskrit;
von Vetravati = Enthält Schilf

Beyşehir
Siedlung;
Türkei
türk.;
von Bey, Stadt des Herrschers

Bhagalpur
Siedlung;
Indien
Hindi;
Gottesstadt

Bharatpur
Siedlung;
Indien
Hindi;
Stadt des Königs Bhara

Bhopal
Siedlung;
Indien
Hindi;
Herrscher, Regent

Bhutan
Staat;
Asien
tibet.;
von Bhotanta = Ende des Landes

Białogard
Siedlung;
Polen
poln.;
Weiße Stadt

Białowieża
Siedlung;
Polen
poln.;
Weißer Turm

Białystok
Siedlung;
Polen
poln.;
Hang der Biała (Weißer Fluß)

Biarritz
Siedlung;
Frankreich
bask.;
Bei den zwei Eichen

Bicester
Siedlung;
Großbritannien
altengl.;

von Beorna Ceaster = Burg der Krieger
Bighorngebirge
USA
engl.;
Großes Horn (vermutlich nach dem dort lebenden Dickhornschaf)
Big Rapids
Siedlung;
USA
engl.;
Große Stromschnellen
Big Trout
See;
Kanada
engl.;
Große Forelle
Bihar
Siedlung;
Indien
sanskrit;
von Vihara = Schule des Buddhismus, Buddhistenkloster
Bija
Fluß;
UdSSR
altai.;
Mann
Bijapur
Siedlung;
Indien
sanskrit;
von Vijavapura = Stadt des Sieges
Bikaner
Siedlung;
Indien
Hindi;
Siedlung des Bika (Gründer 1488)
Bilibino
Siedlung;
UdSSR
russ.;
nach Ju. A. Bilibin (1901–1952), Geologe
Billings
Kap;
UdSSR
engl.;
nach Joseph Billings (gest. 1806), Marineoffizier in russ. Diensten
Biloxi
Siedlung;
USA
indian.;
Erste Menschen
Binghazi
Siedlung;
Libyen
arab.;
nach Bin Ghazi, islam. Heiliger
Bingöl
Provinz;
Türkei
türk.;
Tausend Seen
Birobidshan
Siedlung;
UdSSR
ewenk.;
am Zusammenfluß der Flüsse Bira (= Fluß) und Bidshan (= Lagerplatz) gelegen
Bismarck
Siedlung;
USA
dt.;
nach Otto von Bismarck (1815–1898), Staatsmann
Bistrica
Fluß;
Jugoslawien
serbokr.;
Die Schnelle

Bitterroot
Gebirge;
USA
engl.;
Bittere Wurzel
Biwa
See;
Japan
jap.;
ähnlich wie eine Biwa
(jap. Laute) geformt
Black Hills
Gebirge;
USA
engl.;
schwarze Berge
Blackpool
Siedlung;
Großbritannien
engl.;
schwarzer Tümpel
Black River
Fluß;
USA
engl.;
schwarzer Fluß
Blagoevgrad
Siedlung;
Bulgarien
bulg.;
nach Dimitr Blagoev
(1856–1924), marxistischer
Politiker
Blagoweschtschensk
Siedlung;
UdSSR
russ.;
von Blagoja West = Gute
Nachricht, nach der Kirche
Maria Verkündigung
Blantyre
Siedlung;
Malawi
engl.;
nach dem Geburtsort Livingstones in Schottland
Blida/Al-Buleida
Siedlung;
Algerien
arab.;
Das Städtchen
Bloemfontein
Siedlung,
Südafrika
afrikaans;
Blumenquelle
Bluefields
Siedlung,
Nikaragua
ndl.;
nach Blewfeldt, Pirat (17. Jh.)
Blue Mountains
Gebirge;
USA
engl.;
Blaues Gebirge, Blaue Berge
Blumenau
Siedlung;
Brasilien
dt.;
nach dem Gründer
Dr. Hermann Blumenau
(1819 bis 1899), Arzt
Boa Esperança
Siedlung;
Brasilien
port.;
Gute Hoffnung
Boa Vista
Siedlung;
Brasilien
port.;
Gute Sicht
Bobrow
Siedlung;
UdSSR
russ.;
von Bobr = Biber

Bocas del Dragón
Meeresstraße;
Trinidad u. Tobago/Venezuela
span.;
Drachenmäuler

Bodmin
Siedlung;
Großbritannien
kelt.;
Schönes Haus

Bogotá
Siedlung;
Kolumbien
indian.;
nach dem Häuptling Bagotta

Boise
Siedlung;
USA
frz.;
Bewaldet

Bolesławiec
Siedlung;
Polen
poln.;
nach Bolesław I. (967 bis 1025), König von Polen

Bolivien
Staat;
Südamerika
span.;
nach Simón Bolívar (1783 bis 1830), Befreier Südamerikas

Bolschije Barsuki
Landschaft;
UdSSR
russ.;
Große Dachse

Bombay
Siedlung;
Indien
Herkunft unklar;
vielleicht von Mumbay (Göttin) o. durch Verstümmelung des port. Boa Bahía = Gute Bucht

Bonaire
Insel;
Ndl.-Antillen
span.;
von Buenaire = Gute Luft

Bonaparte
Inseln;
Australien
frz.;
nach Napoleon Bonaparte (1769–1821), französischer Kaiser

Boothia
Halbinsel;
Kanada
engl.;
nach Felix Booth, dem Finanzier der Expedition von James Ross, der die Halbinsel entdeckte

Bootle
Siedlung;
Großbritannien
angelsächs.;
von Botl = Wohnsitz

Borissoglebsk
Siedlung,
UdSSR
russ.;
nach den Söhnen Wladimir I. von Kiew, Boris u. Gleb

Borissow
Siedlung;
UdSSR
russ.;
nach dem Gründer Boris Wseslawitsch, Fürst der Kumanen

Borshawa
Fluß;
UdSSR
vermutlich altslaw.;
von Borsaja = Schnell

Bosanski Brod
Siedlung;
Jugoslawien
serbokr.;
Bosnische Furt
Bosporus
Meeresstraße;
Türkei
grch.;
Ochsenfurt; vermutlich thrak. Ursprungs
Bosschakol
Siedlung;
UdSSR
kasach.;
Heller See
Boston
Siedlung;
Großbritannien
altengl.;
von Botolphston = Stadt des Botolph (eines Heiligen)
Botevgrad
Siedlung;
Bulgarien
bulg.;
nach Hristo Botev (1848–1876), Dichter
Botswana
Staat;
Afrika
Setswana;
Land der Tswana (Betschuanen)
Bouches-du-Rhône
Département;
Frankreich
frz.;
Rhônemündungen
Bougainville
Insel;
Papua-Neuguinea
frz.;
nach Louis Antoine Bougainville (1729–1811), Seefahrer
Boulder City
Siedlung;
USA
engl.;
Felsblockstadt
Bounty
Inseln;
Neuseeland
engl.;
nach der Bounty (= Mildtätigkeit), dem Schiff des Entdekkers William Blight (1754–1817)
Boussolestraße
Meeresstraße;
UdSSR
frz.;
nach der Boussole (= Bussole), dem Schiff des Entdeckers La Pèrouse (1787)
Bouvet
Insel;
(norw.)
frz.;
nach Jean-Baptiste Charles Bouvet de Lozier (1705–1786), Seefahrer
Bozcaada
Insel;
Türkei
türk.;
Graue Insel
Brahmaputra
Fluß;
Bangladesh/Indien
Sanskrit;
Sohn Brahmas
Bransfield
Meeresstraße;
Antarktis
engl.;
nach Edward Bransfield (1795–1852), Seefahrer

Brantford
Siedlung;
Kanada
engl.;
nach Joseph Brant/Thayendanega (1742–1807), Führer der Mohawkindianer

Brasilien
Staat;
Südamerika
port.;
nach dem Brasilholz (Rotholz), von Braza = Glut

Brazzaville
Siedlung;
Kongo
frz.;
nach Pierre Savorgnan de Brazza (1852–1905), Forscher

Brenner
Paß;
Italien/Österreich
kelt.;
Berg

Brescia
Siedlung;
Italien
kelt.;
vermutlich von brig = Berg

Brest
Siedlung;
UdSSR
russ.;
von Berest = Ulme

Bretagne
Landschaft;
Frankreich
nach den im 5. Jh. aus Großbritannien vertriebenen kelt. Briten, aus dem lat. Britania (minor) = (Klein) Britannien

Bridgetown
Siedlung;
Barbados
engl.;
Brückenstadt

Brisbane
Siedlung;
Australien
engl.;
nach Thomas Brisbane (1773–1860), Gouverneur von Neusüdwales

Brodeur
Halbinsel;
Kanada
engl.;
nach Louis Philippe Brodeur (1862–1924), kan. Politiker

Brody
Siedlung;
UdSSR
russ.;
Furten

Brooksgebirge
USA
engl.;
nach Alfred H. Brooks, Geologe

Broughton
Insel;
UdSSR
engl.;
nach William Broughton, Seefahrer

Brownsville
Siedlung;
USA
engl.;
nach Jacob Brown (gest. 1848), US-am. Offizier

Brussel/Bruxelles/Brüssel
Siedlung;
Belgien
ndl.;
vermutlich Siedlung im Sumpf, Bruch

Brzeg
Siedlung;
Polen
poln.;
Ufer

Buccaneerinseln
Australien
engl.;
Seeräuberinseln

Buchara
Siedlung;
UdSSR
Sanskrit;
möglich von Bichor oder Vihara = buddh. Kloster

București
Siedlung;
Rumänien
rumän.;
nach der Legende nach Bucur, einem Hirten, benannt

Budapest
Siedlung;
Ungarn
slaw.;
durch Zusammenlegung von Buda (= Hütte, Gebäude) u. Pest (= Höhle, Herd) 1872

Budjonnowsk
Siedlung;
UdSSR
russ.;
nach Semjon Michailowitsch Budjonny (1883–1973), Marschall der UdSSR

Budshak
Landschaft;
UdSSR
tat.;
Gegend, Winkel

Buenaventura
Siedlung;
Kolumbien
span.;
Gutes Glück

Buenos Aires
Siedlung;
Argentinien
span.;
Gute Lüfte

Buffalo
Siedlung;
USA
engl.;
Büffel, Bison

Buffels
Fluß;
Südafrika
afrikaans;
Büffel

Bukarest s. București

Bukatschatscha
Siedlung;
UdSSR
ewenk.;
von Bukatschan = Insel, Hügel

Bulun
Fluß;
UdSSR
mongol./Turkspr.
Flußwindung, Winkel

Burdur
Siedlung;
Türkei
grch.;
von Polydorion = Freigiebig

Bureja
Fluß;
UdSSR
ewenk.;
von Biraja = Fluß

Burkina Faso
Staat;
Afrika
Mossi;
Land der Unbestechlichen

Bur Saïd s. Port Saïd
Burundi
Staat;
Afrika
Bantu;
Land der Rundi
Bury Saint Edmunds
Siedlung;
Großbritannien
engl.;
Burg des Heiligen Edmund
Bu Saada
Siedlung;
Algerien
arab.;
Ort des Glückes
Busatschi
Landschaft;
UdSSR
kasach.;
Helle salzige Gegend, weißliche Salzbodengegend
Busuluk
Siedlung;
UdSSR
Turkspr.;
vermutlich Grünland, Steppe
Büyükada
Insel;
Türkei
türk.;
Große Insel
Bylot
Insel;
Kanada
engl.;
nach Robert Bylot, Seefahrer (17. Jh.)
Byron
Kap;
Australien
engl.;
nach John Byron (1723 bis 1786), Seefahrer
Byrranga
Gebirge;
UdSSR
jak.;
Uferberge

C

Cabeza de Buey
Siedlung;
Spanien
span.;
Ochsenkopf
Cabotstraße
Meeresstraße;
Kanada
engl./ital.;
nach John Cabot/Giovanni Caboto (1455–1498), Seefahrer
Cáceres
Siedlung;
Spanien
von lat. Castra Caecilia = Lager des Caecilius, über arab. Cazires
Cadillac
Siedlung;
USA
frz.;
nach Antoine de la Mothe Cadillac (1658–1730), Forscher u. Politiker
Cádiz
Siedlung;
Spanien
phön.;
vermutlich von Gadir = Umzäunung

Caernarvon
Siedlung;
Großbritannien
kelt.;
Die Festung gegenüber Mon (Anglesey)
Calais
Siedlung;
Frankreich
nach dem kelt. Volksstamm der Caleti
Calcanhar
Kap;
Brasilien
port.;
Ferse
Calcutta
Siedlung;
Indien
Sanskrit;
Wohnung der Göttin Kali
Caldas da Reinha
Siedlung;
Portugal
port.;
Thermen der Königin
Calgary
Siedlung;
Kanada
kelt.;
klares, fließendes Wasser
Calicut
Siedlung;
Indien
Sanskrit;
Burg der Göttin Kali
Caltanisetta
Siedlung;
Italien
arab.;
von Kalat an-Nisa = Frauenschloß
Cambridge
Siedlung;
Großbritannien
engl.;
Brücke über den Fluß Cam
Camden
Siedlung;
USA, New Jersey
engl.;
nach Charles Pratt Earl Camden (1714–1794), Politiker
Campina Grande
Siedlung;
Brasilien
port.;
Große Ebene
Campobasso
Siedlung;
Italien
ital.;
Unteres Feld
Campo Grande
Siedlung;
Brasilien
port.;
Großes Feld
Canadian
Fluß;
USA
span.;
von Cañada = Schlucht
Çanakkale
Siedlung;
Türkei
türk.;
Topfburg
Canberra
Siedlung;
Australien
austral.;
Treffpunkt
Cannes
Siedlung;
Frankreich

lat.;
von Canna = Schilf
Canterbury
Siedlung;
Großbritannien
altengl.;
von Cantwaraburig = Burg der Leute von Kent
Canton
Insel;
Kiribati
engl.;
nach der Canton, einem US-am. Walfangschiff, das 1854 an der Insel strandete
Capri
Insel;
Italien
lat.;
von Capra = Ziege
Caracas
Siedlung;
Venezuela
vermutlich nach dem karibischer Volksstamm der Caracas
Carlisle
Siedlung;
Großbritannien
kelt.;
Stadt am Wall
Carlow
Siedlung;
Irland
kelt.;
Von Ceatharlach = Die vier Seen
Carpentariagolf
Meeresteil;
Australien
ndl.;
nach Pieter Carpenter (gest. 1659), Generalgouverneur von Ndl.-Indien (1623–1627)
Carrara
Siedlung;
Italien
kelt.;
Steinbruch
Carson City
Siedlung;
USA
engl.;
nach Christopher (Kit) Carson (1809–1868), US-am. Offizier
Cartagena
Siedlung;
Spanien
lat.;
von Carthago Nova = Neu-Karthago
Casablanca
Siedlung;
Marokko
span.;
Weißes Haus
Castellamare
Siedlung;
Italien
lat.;
Burg am Meer
Castelo Branco
Siedlung;
Portugal
port.;
Weiße Burg
Cat
Insel;
Bahamas
engl.;
Katze
Catskill
Gebirge
USA
ndl.;
von Kaaterskill = Katzenbach

Cavan
Siedlung;
Irland
kelt.;
von Cabban = Der heilige Ort
Caxias
Siedlung;
Brasilien
port.;
nach Luis Alves de Lima e Silva, Duque de Caxias (1803–1880), bras. Staatsmann
Cedar Rapids
Siedlung;
USA
engl.;
Stromschnellen am Zedernfluß
Ceeldheer
Siedlung;
Somalia
somali;
Tiefer Brunnen
Cernavodă
Siedlung;
Rumänien
rumän.;
Schwarzes Wasser
Çeşme
Siedlung;
Türkei
türk.;
Brunnen
Ceuta
Siedlung;
(span.)
lat.;
von Septem = sieben
Ceylon
Insel;
Sri Lanka
Sanskrit;
von Simhaladvipa = Insel der Singhalesen (= Löwenleute)
Chabarowsk
Siedlung;
UdSSR
russ.;
nach Jerofej Pawlowitsch Chabarow (1610–1667), Entdecker
Chaleur
Bucht;
Kanada
frz.;
Hitze
Chalkís
Siedlung;
Griechenland
grch.;
Kupfergrube oder Kupferort
Chamar-Daban
Gebirge;
UdSSR
burjat.;
Zedernußgebirge
Champlainsee
USA
frz.;
nach Samuel Champlain (1567–1635), 1. Gouverneur von Kanada
Chandrapur
Siedlung;
Indien
Sanskrit;
Mondstadt
Changai
Gebirge;
Mongolei
mongol.;
Reiches Land
Changchun
Siedlung;
China
chin.;
Langer Frühling
Changde
Siedlung;
China

chin.;
Beständige Tugend

Chang Jiang
Fluß;
China
chin.;
Langer Fluß

Changsha
Siedlung;
China
chin.;
Weiter Sand

Chanka
See;
China/UdSSR
chin.;
von Xingkai = Blühend und glücklich

Chan-Tengri
Berg;
UdSSR
mongol.;
Herrscher des Himmels

Chanty-Mansijsk
Siedlung;
UdSSR
russ.;
Stadt der Chanten u. Mansen

Chaosee
China
chin.;
Vogelnestsee

Chari
Fluß;
Tschad
Sudanspr.;
Fluß

Chariton-Laptew-Küste
UdSSR
russ.;
nach Chariton Prokofjewitsch Laptew (gest. 1763), Polarforscher

Charkow
Siedlung;
UdSSR
ukr.;
vermutlich nach Chariton oder Charku, einem Ansiedler

Charleroi
Siedlung;
Belgien
frz.;
nach Karl/Carlos/Charles II. (1661–1700), König von Spanien

Charleston
Siedlung;
USA, Südkarolina
engl.;
nach Charles II. (1630–1685), brit. König

Charleston
Siedlung;
USA, Westvirginia
engl.;
nach Charles Clendenin, dem Vater des Stadtgründers

Charleville-Mézières
Siedlung;
Frankreich
frz. u. lat.;
nach Charles de Gonzague u. von Maceriae = Wälle

Charlotte
Siedlung;
USA
engl.;
nach Charlotte (1744–1818), Königin von England

Chathaminseln
Neuseeland
engl.;
nach der Chatham, dem Schiff des Entdeckers Broughton (1791)

Cheb
Siedlung;
ČSSR
tschech.;
Biegung

Chełm
Siedlung;
Polen
poln.;
Hügel

Chelmsford
Siedlung;
Großbritannien
engl.;
Furt am Fluß Chelmer

Cheltenham
Siedlung;
Großbritannien
engl.;
Heim am Fluß Chelt

Chenab
Fluß;
Indien/Pakistan
pers.;
Der Wassersammelnde

Cherson
Siedlung;
UdSSR
grch.;
Halbinsel

Chesapeake
Bucht;
USA
indian.;
Großes Salzwasser

Chester
Siedlung;
Großbritannien
lat.;
von Castra = Lager

Chibiny
Gebirge;
UdSSR
lapp.;
Bergland

Chicago
Siedlung;
USA
indian.;
Rauschender Fluß

Chico, Río
Fluß;
Argentinien
span.;
Kleiner Fluß

Chile
Staat;
Südamerika
indian.;
vermutlich Schnee, Kälte

China
Staat;
Asien
vermutlich nach der Tsin-Dynastie

Chingan
Gebirge;
China/UdSSR
ewenk./mongol.;
Gebirge, Hügelland, Abgrund

Chiquita, Mar
See;
Argentinien
span.;
Kleines Meer

Chirikof
Insel;
USA
russ.;
nach Alexej Iljitsch Tschirikow (1703–1718), Seefahrer

Choiseul
Insel;
Salomonen
frz.;
nach Étienne-François Choiseul (1719–1785), Staatsmann

Chongqing
Siedlung;
China
chin.;
Doppelte Feier
Choresm
Landschaft, Gebiet;
UdSSR
iran.;
vermutlich Niederes Land
Chöwsgöl s. Chuwsgul
Chrami
Fluß;
UdSSR
georg.;
Tiefe Schlucht
Christchurch
Siedlung;
Neuseeland
engl.;
Christuskirche
Christmas Island s. Weihnachtsinsel
Churchill
Fluß;
Kanada
engl.;
nach John Churchill (1650–1722), Staatsmann
Chuwsgul
See;
Mongolei
mongol.;
Wasserreicher See
Ciénaga
Siedlung;
Kolumbien
span.;
Sumpf
Cimarron
Fluß;
USA
span.;
Wild
Cincinnati
Siedlung;
USA
engl.;
nach dem Cincinnatsorden für Teilnehmer am am. Unabhängigkeitskrieg (Cincinnatus war ein röm. Feldherr im 5. Jhr. v. u. Z.)
Cisne-Inseln
Honduras
span.;
Schwan-Inseln
Citlaltépetl
Berg;
Mexiko
aztek.;
Sternberg
Città di Castello
Siedlung;
Italien
ital.;
Burgstadt
Ciudad Bolívar
Siedlung;
Venezuela
span.;
Bolívarstadt, nach Simon Bolívar (1783–1830), dem Befreier Südamerikas
Ciudad Juárez
Siedlung;
Mexiko
span.;
Juárezstadt, nach Benito Juárez (106–1872), mex. Politiker
Ciudad Madero
Siedlung;
Mexiko
span.;
Maderostadt, nach Francisco Madero (1873–1913), mex. Präsident

Ciudad Obregón
Siedlung;
Mexiko
span.;
Obregónstadt, nach Alvaro Obregón (1880–1928), mex. Präsident

Ciudad Real
Siedlung;
Spanien
span.;
Königliche Stadt

Ciudad Victoria
Siedlung;
Mexiko
span.;
Victoriastadt, nach Guadalupe Victoria/Manuel Félix Fernández (1789–1843), 1. Präsident Mexikos

Civitavecchia
Siedlung;
Italien
lat./ital.;
Alte Stadt

Cleveland
Siedlung;
USA
engl.;
nach Moses Cle(a)veland, dem Gründer (1796)

Clipperton
Insel;
Frz.-Polynesien
engl.;
nach John Clipperton, Pirat, der hier 1705 seinen Schlupfwinkel hatte

Clyde
Fluß;
Großbritannien
kelt.;
stark

Cochabamba
Siedlung;
Bolivien
indian.;
v. Khocha-Pampa = Sumpfige Ebene

Cod
Kap;
USA
engl.;
Kabeljau

Coleraine
Siedlung;
Großbritannien, Nordirland
kelt.;
v. Cuil Rathaine = Fährwinkel

Colombo
Siedlung;
Sri Lanka
singhal.;
vermutlich Hafen

Colón
Siedlung;
Kuba bzw. Panama
span.;
nach Christoph Kolumbus (Cristóbal Colón) (1451–1506), Entdecker

Colorado
Fluß;
USA
span.;
Rot, farbig

Columbia, Columbus
Siedlungen;
USA
engl.;
nach Christoph Kolumbus (1451–1506), Entdecker

Comodoro Rivadavia
Siedlung;
Argentinien
span.;
nach Martín Rivadavia (1852 bis 1901), arg. Marineoffizier

Comorin
Kap;
Indien
sanskrit;
nach der Göttin Kumari

Concepción
Siedlung;
Chile
span.;
Empfängnis

Concord
Siedlung;
USA
engl.;
Eintracht

Concordia
Siedlung;
Uruguay
span.;
Eintracht

Con Dao
Insel;
Vietnam
vietnames.;
Stockinsel

Connecticut
Fluß;
USA
indian.;
Langer Fluß

Constanța
Siedlung;
Rumänien
lat.;
nach Constantinus I.
(274–337), röm. Kaiser

Constantine
Siedlung;
Algerien
lat.;
nach Constantinus I.
(274–337), röm. Kaiser

Cookstraße
Meeresstraße;
Neuseeland
engl.;
nach James Cook
(1728–1779), Entdecker

Cookstown
Siedlung;
Großbritannien, Nordirland
engl.;
Cookstadt, nach Alan Cook, dem Gründer (17. Jh.)

Coolgardie
Siedlung;
Australien
austral.;
Wasserloch

Copperbelt
Provinz;
Sambia
engl.;
Kupfergürtel

Coppermine
Fluß;
Kanada
engl.;
Kupfermine

Corcovado
Berg;
Chile
span.;
Bucklig

Córdoba
Siedlung;
Spanien
phön.;
vermutlich von Karta-Tuba = Große Stadt

Cork
Siedlung;
Irand
kelt.;
von Carcach = Sumpf

Corrientes
Siedlung;
Argentinien

span.;
Die Fließenden
Cortina d'Ampezzo
Siedlung;
Italien
ital.;
Kleines Gehöft im Feld
Costa Blanca
Landschaft;
Spanien
span.;
Weiße Küste
Costa Brava
Landschaft;
Spanien
span.;
Wilde Küste
Costa del Sol
Landschaft;
Spanien
span.;
Sonnenküste
Costa Dorada
Landschaft;
Spanien
span.;
Goldene Küste
Côte d'Azur
Landschaft;
Frankreich
frz.;
Blaue Küste
Côte d'Ivoire
Staat;
Afrika
frz.;
Elfenbeinküste
Côte-d'Or
Département;
Frankreich
frz.;
Goldener Hügel,
Weinberg
Côtes-du-Nord
Département;
Frankreich
frz.;
Nördliche Küsten
Cotonou
Siedlung;
Benin
afrik.;
angeblich von Ku-Tod-Tonu = Lagune des Todes
Cotopaxi
Berg;
Ekuador
indian.;
Viel Glanz
Council Bluffs
Siedlung;
USA
engl.;
Rats-Steilufer
Crooked Island
Insel;
Bahamas
engl.;
Gekrümmte Insel
Crozetinseln
Frz. Südpolarmeergebiet
frz.;
nach dem Seefahrer Crozet, der mit Dufresne die Inseln 1772 entdeckte
Crna Gora
Sozialistische Republik;
Jugoslawien
serbokr.;
Schwarzer Berg
Cruzeiro do Sul
Siedlung;
Brasilien
port.;
Kreuz des Südens
Cuchilla Grande
Gebirge;
Uruguay

span.;
Großes Messer
Cuenca
Siedlung;
Spanien
span.;
Trog, Grube, tiefes Tal
Cuneo
Siedlung;
Italien
ital.;
Keil
Cuttack
Siedlung;
Indien
sanskrit;
von Kataka = Stadt
Cuzco
Siedlung;
Peru
indian.;
Nabel

D

Dagestan
ASSR;
UdSSR
Turkspr.;
Bergland
Dakota, Nord- u. Süd-
Gliedstaaten;
USA
indian.;
nach dem Indianerstamm der Dakota (= Verbündete)
Dalälven
Fluß;
Schweden
schwed.;
Der Talfluß
Dalarna
Landschaft;
Schweden
schwed.;
Die Täler
Dallas
Siedlung;
USA
engl.;
nach George Mifflin Dallas (1792–1864), US-amerikanischer Politiker
Daly
Fluß;
Australien
engl.;
nach Dominick Daly, Gouverneur von Südaustralien (1865)
Damanhur
Siedlung;
Ägypten
ägypt.;
von Timinhor = Stadt des Gottes Hor
Damaskus s. Dimaschk
Damavand
Berg;
Iran
pers.;
Festung der Dämonen
Dampier
Inseln;
Australien
engl.;
nach William Dampier (1652–1715), Seefahrer
Dar al-Beida
Siedlung;
Marokko
arab.;
Weißes Haus
Dardanellen
Meeresstraße;
Türkei
grch.;

nach der Stadt Dardania, die Dardanas, der Sohn des Zeus und der Elektra, gegründet haben soll

Dar es Salaam
Siedlung;
Tansania
arab.;
Haus des Friedens

Darling
Fluß;
Australien
engl.;
nach Ralph Darling (1775–1858), Gouverneur von Neusüdwales

Dartmouth
Siedlung;
Großbritannien
engl.;
Mündung des Dart

Darwas
Gebirge;
UdSSR
tadshik.;
Tür

Darwin-Naturschutzgebiet
UdSSR
engl.;
nach Charles Robert Darwin (1809–1882), Naturforscher

Daschkessan
Siedlung;
UdSSR
aserbaishan.;
Steinbruch

Daugavpils
Siedlung;
UdSSR
lett.;
Burg an der Daugava (Westl. Dwina)

Davisstraße
Meeresstraße;
Grönland/Kanada
engl.;
nach John Davis (1550 bis 1605), Seefahrer

Davos
Siedlung;
Schweiz
rätorom.;
Dahinten

Daxue
Gebirge;
China
chin.;
Hoher Schnee

Dayton
Siedlung;
USA
engl.;
nach Jonathan Dayton (1760–1824), US-am. Politiker

Death Valley
Landschaft;
USA
engl.;
Todestal

De Castries
Siedlung;
UdSSR
frz.;
nach Charles Eugène de Castries (1727–1801), Admiral

Decatur
Siedlung;
USA
engl.;
nach Stephen Decatur (1779–1820), US-am. Marineoffizier

Deir az-Zor
Siedlung;
Syrien
arab.;
Kloster im Wäldchen

Dejnau
Siedlung;
UdSSR
tadshik.;
Neue Siedlung

Dekan
Landschaft;
Indien
Sanskrit;
von Daksina = Süden

Delagoabucht
Moçambique
port.;
Bucht der Lagune

Delaware
Fluß;
USA
engl.;
nach Thomas West De La Ware (gest. 1618), Gouverneur von Virginia

Delhi
Siedlung;
Indien
Hindi;
vermutlich Schwelle, Größe, Hoheit

De-Long-Inseln
UdSSR
engl.;
nach George Washington De Long (1844–1881), US-amerikanischer Polarforscher

Demirköy
Siedlung;
Türkei
türk.;
Eisendorf

D'Entrecasteaux-Inseln
Papua-Neuguinea
frz.;
nach Bruni d'Entrecasteaux (1739–1793), Seefahrer

Denver
Siedlung;
USA
engl.;
nach James W. Denver, US-am. Politiker

Derbent
Siedlung;
UdSSR
iran.;
Bergtor

Dereköy
Siedlung;
Türkei
türk.;
Taldorf

Derry
Siedlung;
Nordirland
kelt.;
von Doire = Dickicht

Desaguadero
Fluß;
Bolivien
span.;
Abfluß

Deseado, Cabo
Kap;
Chile
span.;
Ersehntes Kap

Deshnjow
Kap;
UdSSR
russ.;
nach Semjon Iwanowitsch Deshnjow (1605–1673), Entdecker

Desna
Fluß;
UdSSR
altslaw.;
vermutlich Rechter Arm

Desventuradas
Inseln;
Chile
span.;
Die Unglücklichen
Detroit
Siedlung;
USA
frz.;
Meerenge, schmaler Wasserweg
Dhaka
Siedlung;
Bangladesh
Sanskrit;
Verborgene Göttin
Dhaulagiri
Berg;
Nepal
Sanskrit;
Weißer Berg
Diablo-Gebirge
USA
span.;
Teufelsgebirge
Dickson
Siedlung;
UdSSR
schwed.;
nach Oskar Dickson (1823–1897), Finanzier der Nordenskjöld-Expedition 1875
Dimaschk (Damaskus)
Siedlung;
Syrien
arab.;
wahrscheinlich Betriebsamkeit, Tätigkeit
Dimitrovgrad
Siedlung;
Bulgarien
bulg.;
nach Georgi Dimitrov/Dimitroff (1882–1949), Staatsmann
Dindigul
Siedlung;
Indien
Tamil
Kissenfels
Diomedes-Inseln
UdSSR/USA
grch.;
1728 am Tag des Heiligen Diomedes entdeckt
Dire Dawa
Siedlung;
Äthiopien
amhar.;
Leere Ebene
Disappointmentsee
Australien
engl.;
Enttäuschungssee
Dixonstraße
Meeresstraße;
Kanada
engl.;
nach George Dixon (um 1755–um 1800), Seefahrer
Djabal, Bahr al-
Fluß;
Sudan
arab.;
Bergfluß
Djidda
Siedlung;
Saudi-Arabien
arab.;
Küste, Ufer
Dlinny, Ostrow
Insel;
UdSSR
russ.;
Lange Insel
Dmitri-Laptew-Straße
Meeresstraße;
UdSSR

russ.;
nach Dmitri Jakowlewitsch Laptew, Polarforscher (18. Jh.)

Dmitrow
Siedlung;
UdSSR
russ.;
nach Dmitri, dem Sohn von Juri Dolgoruki

Dneprodsershinsk
Siedlung;
UdSSR
russ.;
nach dem Metallurgischen Kombinat F. E. Dzierżynski am Dnepr, nach Feliks Edmundowitsch Dzierżynski (1877–1926), sowjetischer Staatsmann

Dnepropetrowsk
Siedlung;
UdSSR
russ.;
nach Grigori Iwanowitsch Petrowski (1878–1958), sow. Politiker

Doce, Río
Fluß;
Brasilien
port.;
Süßer Fluß

Doctor Petru Groza
Siedlung;
Rumänien
rumän.;
nach Petru Groza (1884–1958), Politiker

Dōdekánisos
Nomós;
Griechenland
grch.;
Zwölf Inseln

Doğanşehir
Siedlung;
Türkei
türk.;
Falkenstadt

Dolgi, Ostrow
Insel;
UdSSR
russ.;
Lange Insel

Dolna Banja
Bulgarien
bulg.;
Unteres Bad

Dominica
Staat;
Mittelamerika
lat.;
Sonntag

Don
Fluß;
UdSSR
vermutlich osset.;
Wasser, Fluß

Donegal
Grafschaft;
Irland
kelt.;
von Dun na Ngall = Steinburg

Donez
Fluß;
UdSSR
russ.;
Kleiner Don

Dong Jiang
Fluß;
China
chin.;
Ostfluß

Dongping Hu
See;
China
chin.;
Großer flacher See

Dongsha-Inseln
China
chin.;
Östliche-Sand-Inseln
Doorhalbinsel
USA
engl.;
Türhalbinsel
Dordogne
Fluß;
Frankreich
frz.;
nach den zwei Quellflüssen
Dor u. Dognon
Dos Hermanas
Siedlung;
Spanien
span.;
Zwei Schwestern
Dostuk
Siedlung;
UdSSR
kirgis.;
Freundschaft
Douglas
Siedlung;
Großbritannien
kelt.;
von Dubhglais = Schwarzes
Flüßchen
Dourada, Serra
Gebirge;
Brasilien
port.;
Goldenes Gebirge
Dovebucht
Dänemark, Grönland
dt.;
nach Heinrich Wilhelm Dove
(1803–1879), Meteorologe
Dover
Siedlung;
Großbritannien
kelt.;
Wasser
Downs
Landschaft;
Großbritannien
altengl.;
von Dun = Hügel
Drakensberge
Südafrika
ndl.;
vermutlich nach einem Kolonisator Drakenstein
Drakestraße
Meeresstraße
Pazifik/Atlantik
engl.;
nach Francis Drake
(1540–1596), Seefahrer
Drogheda
Siedlung;
Irland
kelt.;
von Droichead Atha = Furtbrücke
Drushba
Siedlung;
UdSSR
russ.;
Freundschaft
Dry River
Fluß;
Australien
engl.;
Trockener Fluß
Dsershinsk
Siedlung;
UdSSR
poln./russ.;
nach F. E. Dzierżynski (1877 bis 1926), sowj. Staatsmann
Dshagdy
Gebirge;
UdSSR
ewenk.;
von Djagdja = Kiefer

Dshalal-Abad
Siedlung;
UdSSR
arab./pers.;
Ruhmesstadt

Dshamantau
Gebirge;
UdSSR
kirgis.;
Schlimme Berge

Dshambul
Siedlung;
UdSSR
kasach.;
nach Dshambul Dshabajew (1846–1945), Dichter

Dshargalant
Siedlung;
Mongolei
mongol.;
Glücklich

Dsheskasgan
Siedlung;
UdSSR
kasach.;
Platz, wo sie Kupfer gruben, Kupferlagerstätte

Dshetygara
Siedlung;
UdSSR
kasach.;
Sieben Hügel

Dshida
Fluß;
UdSSR
burjat.;
Kupfern

Dshisak
Siedlung;
UdSSR
alttadshik.;
Kleine Festung

Dshugdshur
Gebirge;
UdSSR
ewenk.;
Gebirge, bergige Wasserscheide

Dshussaly
Siedlung;
UdSSR
kasach.;
Ort, wo Ocker lagert

Dsungarei
Landschaft;
China
mongol.;
von Dsuun Gar = Linke Hand

Duarte
Berg;
Dominikan. Republik
span.;
nach Juan Pablo Duarte (1813–1876), Politiker der Dominikanischen Republik

Duffinseln
Salomonen
engl.;
nach der Duff, dem Schiff des Seefahrers James Wilson

Dugi Otok
Insel;
Jugoslawien
serbokr.;
Lange Insel

Dukou
Siedlung;
China
chin.;
Furt, Übergang

Dulce, Río
Fluß;
Argentinien
span.;
Süßer Fluß

Duluth
Siedlung;
USA
frz.;
nach Daniel Greysolon du Luth, Pelzhändler (17. Jh.)
Dunaföldvár
Siedlung;
Ungarn
ung.;
Donauerdburg
Dunaújváros
Siedlung;
Ungarn
ung.;
Donauneustadt
Dundee
Siedlung;
Großbritannien
kelt.;
v. Dun Tay = Festung am Tay
Durazno
Siedlung;
Uruguay
span.;
Pfirsich
Durban
Siedlung;
Südafrika
engl.;
n. Benjamin D'Urban (1777–1849), Gouverneur d. Kaplandes
Durg
Siedlung;
Indien
Hindi;
von Durga = Festung
D'Urvillesee
Meer;
Antarktis
frz.;
nach Jules Dumont d'Urville (1790–1842), Seefahrer
Duschanbe
Siedlung;
UdSSR
tadshik.;
Montag (Markttag)
Dvůr Králové
Siedlung;
ČSSR
tschech.;
Hof der Königin
Dwina
Flüsse;
UdSSR
finn.;
vermutlich Ruhig
Dwuch Zirkow, Gora
Berg;
UdSSR
russ.;
Berg der zwei Kare
Dzierżoniów
Siedlung;
Polen
poln.;
nach Jan Dzierżoń (1811–1906), Bienenforscher

E

Eagle Pass
Siedlung;
USA
engl.;
Adlerpaß
Eau Claire
See;
Kanada
frz.;
Klares Wasser
Ebro
Fluß;
Spanien
kelt. o. bask.;
von Iber = Fluß o. Ebr = Fluß

Edam
Siedlung;
Niederlande
ndl.;
Damm am Fluß Ee
Edge
Insel;
Svalbard (norw.)
engl.;
nach Thomas Edge,
Walfänger
Edinburgh
Siedlung;
Großbritannien
engl.;
nach Edwin (gest. 632/33),
König von Northumbria
Edirne
Siedlung;
Türkei
grch.;
von Adrianopolis, nach
Hadrianus (76–138),
römischer Kaiser
Egedesminde
Siedlung;
Dänemark, Grönland
norw.;
nach Hans Egede
(1686–1758), Missionar
Ekenäs
Siedlung;
Finnland
schwed.;
Eichennase, Eichenkap
Ekibastus
Siedlung;
UdSSR
kasach.;
Ekibas (Name)–Salzsee
Ekuador
Staat;
Südamerika
span.;
von Ecuador = Äquator
Elba
Insel;
Italien
etrusk.;
Eisen
Elbrus
Berg;
UdSSR
vermutlich georg.;
kegelförmig aufragend
Elburs
Gebirge;
Iran
pers.;
Glänzender Berg
Eleía
Nomós;
Griechenland
grch.;
sumpfig
Elin Pelin
Siedlung;
Bulgarien
bulg.;
nach Elin Pelin (1877 bis
1949), Schriftsteller
Elista
Siedlung
UdSSR
kalmück.;
sandig
Ellsworth
Gebirge;
Antarktis
engl.;
nach Lincoln Ellsworth
(1880–1951), US-am. Polarfor-
scher
El Paso
Siedlung;
USA
span.;
Der Paß

El Salvador
Staat;
Mittelamerika
span.;
Der Erlöser
Elton
See;
UdSSR
mongol.;
von Altyn = Gold
Emajõgi
Fluß;
UdSSR
estn.;
Mutterfluß
Emathía
Nomós;
Griechenland
grch.;
Küstenebene
Embarcación
Siedlung;
Argentinien
span.;
Einschiffung,
Verladung
Emerald
Siedlung;
Australien
engl.;
Smaragd
Emilia
Landschaft;
Italien
lat.;
nach Aemilius Lepidus, röm. Konsul, der die nach ihm benannte Straße Via Aemilia in dieser Gegend bauen ließ (2. Jh. v. u. Z.)
Emirdağ
Siedlung;
Türkei
türk.;
Fürstenberg
Encarnación
Siedlung;
Paraguay
span.;
Fleischwerdung (Christi)
Endeavourstraße
Meeresstraße;
Australien
engl.;
nach der Endeavour (= Bemühung), Schiff von James Cook (1728–1779)
Enderby
Landschaft;
Antarktis
engl.;
nach der Londoner Walfangreederei Enderby
Energetik
Siedlung;
UdSSR
russ.;
Energetiker
Engadin
Landschaft;
Schweiz
rätorom.;
Am Ursprung des Inn
Engaño
Kap;
Dominikan. Republik
span.;
Täuschung
Engels
Siedlung;
UdSSR
dt.;
nach Friedrich Engels (1820–1895), Klassiker des Marxismus-Leninismus
England
Landesteil;
Großbritannien

altengl.;
Land der Angeln

Entre Rios
Provinz;
Argentinien
span.;
Zwischen Flüssen

Enugu
Siedlung;
Nigeria
Ibo;
Auf dem Hügel

Epirus
Landschaft;
Griechenland
grch.;
Festland

Erdenet
Siedlung;
Mongolei
mongol.;
von Erdene
= Edelstein

Erebus
Berg;
Antarktis
engl.;
nach der Erebus,
Schiff von James Ross
(1800–1862)

Ereğli
Siedlung;
Türkei
grch.;
nach Herakles,
grch. Heros

Eritrea
Provinz;
Äthiopien
lat./ital.;
nach dem Mare Erythraeum
(Rotes Meer)

Er Hai
See;
China
chin.;
Ohrsee

Erie
See;
Kanada/USA
indian.;
nach dem Indianerstamm der
Erie (= Katzen)

Esfahan
Siedlung;
Iran
pers.;
Kriegslager

Eskipazar
Siedlung;
Türkei
türk.;
Alter Markt

Eskişehir
Siedlung;
Türkei
türk.;
Alte Stadt

Esmeralda
Insel;
Chile
span.;
Smaragd

Espírito Santo
Gliedstaat;
Brasilien
port.;
Heiliger Geist

Essex
Grafschaft;
Großbritannien
altengl.;
Ostsachsen

Estrela
Gebirge;
Portugal
port.;
Stern

Etschmiadsin
Siedlung;
UdSSR
armen.;
vermutlich: Er ist herabgestiegen.
Euböa s. Evvía
Eugene
Siedlung;
USA
engl.;
nach Eugene Skinner, dem Gründer (1846)
Europa
Kontinent
Herkunft umstritten;
vielleicht von dem semit. Wort für Abend
Evanston
Siedlung;
USA
engl.;
nach John Evans (1814 bis 1897), Arzt
Everest, Mount
Berg;
China/Nepal
engl.;
nach George Everest (1790–1866), Geodät
Evvía
Insel;
Griechenland
grch.;
Reich an Vieh
Eyre
See;
Australien
engl.;
nach Edward John Eyre (1815–1901), Forscher

Fabritschny
Siedlung;
UdSSR
russ.;
Fabrikort
Faddejew
Insel;
UdSSR
russ.;
nach dem ersten Überwinterer auf dieser Insel
Faial
Insel;
Portugal, Azoren
port.;
Buchenwald
Fairbanks
Siedlung;
USA
engl.;
nach Charles Warren Fairbanks (1852–1918), US-am. Politiker
Fair Isle
Insel;
Großbritannien
engl.;
schöne Insel
Falkirk
Siedlung;
Großbritannien
altengl.;
von Faur Kirk = vielfarbige Kirche
Falklandinseln
(brit., von Argentinien beansprucht)
engl.;
nach Lucius Cary Lord Falkland (1610–1643), Politiker
Fall River
Siedlung;
USA

engl.;
Fallender Fluß

Falso Cabo de Hornos
Kap;
Chile
span.;
Falsches Kap Hoorn

Famagusta
Siedlung;
Zypern
grch.;
von Ammóchostos = Im Sand begraben

Fano
Siedlung;
Italien
lat.;
von Fanum = Tempel

Fargo
Siedlung;
USA
engl.;
nach William George Fargo (1818–1881), US-amerikanischer Geschäftsmann

Färöer
Inseln;
Dänemark
altskand.;
Schafinseln

Farquhar
Inseln;
Seychellen
engl.;
n. Robert Townsend Farquhar (1776–1830), Gouverneur von Mauritius

Fayetteville
Siedlung;
USA
frz.;
nach Marie-Joseph Marquis de La Fayette (1757–1834), General u. Politiker

Fear
Kap;
USA
engl.;
Furcht

Fedtschenkogletscher
UdSSR
russ.;
nach Alexej Pawlowitsch Fedtschenko (1844–1873), Forscher

Feira de Santana
Siedlung;
Brasilien
port.;
Messe der Heiligen Anna

Feodossija
Siedlung;
UdSSR
grch.;
Gottes Gabe

Fernando de Noronha
Insel;
Brasilien
port.;
nach Fernando de Noronha, dem Entdecker (1504)

Filchner-Schelfeis
Antarktis
dt.;
nach Wilhelm Filchner (1877 bis 1957), Forscher, Geophysiker

Finisterre
Kap;
Spanien
span.;
Landesende

Finke
Fluß;
Australien
engl.;
nach William Finke, Förderer von Expeditionen

Fitzroy
Fluß;
Australien
engl.;
nach Robert Fitzroy (1805–1865), Seefahrer, Meteorologe

Flatheadsee
USA
engl.;
nach den Flathead-Indianern (= Flachkopf)/Salish

Flattery
Kap;
Australien bzw. USA
engl.;
Schmeichelei

Fleuve
Region;
Senegal
frz.;
Fluß, Strom

Flinders
Insel;
Australien
engl.;
nach Matthew Flinders (1774–1814), Seefahrer

Florenz
Siedlung;
Italien
lat.;
Blühend, Blumenstadt

Flores
Insel;
Portugal, Azoren
port.;
Blumen

Florianópolis
Siedlung;
Brasilien
port.;
nach Floriano Piexto (1842–1895), bras. Präsident

Florida
Halbinsel;
USA
span.;
Blühend

Fly
Fluß;
Papua-Neuguinea
engl.;
nach der Fly (= Fliege), dem Schiff des Erforschers Blackwood (1842)

Fogo
Insel;
Kapverden
port.;
Feuer

Fond du Lac
Siedlung;
USA
frz.;
Ende des Sees

Fonsecabucht
El Salvador/Honduras/Nikaragua
span.;
nach Fonseca, dem Bischof von Burgos (1523)

Fontainebleau
Siedlung;
Frankreich
frz.;
Blaue Quelle

Fonte Boa
Siedlung;
Brasilien
port.;
Gute Quelle

Forlì
Siedlung;
Italien
lat.;
von Forum Livii = Markt des Livius

Formentera
Insel;
Spanien
katalan.;
Getreideland

Formosa
Siedlung;
Argentinien
span.;
Die Schöne

Fortaleza
Siedlung;
Brasilien
port.;
Festung

Fort-de-France
Siedlung;
Martinique (frz.)
frz.;
Festung Frankreichs

Fort Lauderdale
Siedlung;
USA
engl.;
nach William Lauderdale,
US-am. Offizier

Fort-Schewtschenko
Siedlung;
UdSSR
ukr.;
nach Taras Grigorjewitsch
Schewtschenko (1814–1861),
Dichter

Fort Wayne
Siedlung;
USA
engl.;
nach Anthony Wayne
(1745–1796), US-am. General

Fort William
Siedlung;
Großbritannien
engl.;
nach William III.
(1650–1702), brit. König

Fort Worth
Siedlung;
USA
engl.;
nach William J. Worth, US-am.
Offizier

Foshan
Siedlung;
China
chin.;
Buddhaberg

Foulwind
Kap;
Neuseeland
engl.;
Schlechter Wind

Fowler
Bucht
Australien
engl.;
nach Robert Fowler,
Seefahrer

Foxehalbinsel
Kanada
engl.;
nach Luke Foxe (1586 bis 1635),
Polarforscher

Foz do Iguaçu
Siedlung;
Brasilien
port.;
Mündung des Iguaçu

Franche-Comté
Landschaft;
Frankreich
frz.;
Freie Grafschaft

Frankfort
Siedlung;
USA, Kentucky
engl.;
nach Stephan Frank
(gest. 1780)

Franklin
Siedlung;
USA
engl.;
nach Benjamin Franklin (1706–1790), US-am. Staatsmann

Franklinstraße
Kanada
eng.;
nach John Franklin (1786–1847), Polarforscher

Františkovy Lázně
Siedlung;
ČSSR
tschech.;
Bad des Franz, nach Franz II. (1768–1835), österr. Kaiser

Franz-Joseph-Land
Inseln;
UdSSR
dt.;
nach Franz Joseph I. (1830–1916), österr. Kaiser

Fraser
Fluß,
Kanada
engl.;
nach Simon Fraser (1776–1862), kan. Forscher

Fredericia
Siedlung;
Dänemark
dän.;
nach Frederik III. (1609–1670), dän. König

Fredrikstad
Siedlung;
Norwegen
norw.;
nach Frederik II. (1534 bis 1588), König von Dänemark u. Norwegen

Freetown
Siedlung;
Sierra Leone
engl.;
Stadt der Freien

Fréjus
Siedlung;
Frankreich
lat.;
von Forum Julii = Markt des Julius, nach Julius Caesar (100–44 v. u. Z.)

Fremont
Gebirge;
USA
engl.;
nach John Charles Fremont (1813–1890), US-am. Forscher

Fresno
Siedlung;
USA
span.;
Esche

Freycinethalbinsel
Australien
frz.;
nach Louis-Claude de Saulces de Freycinet (1779–1842), Seefahrer

Frio, Cabo
Kap;
Brasilien
port.;
Kaltes Kap

Frobisherbucht
Kanada
engl.;
nach Martin Frobisher (1535–1594), Seefahrer

Frunse
Siedlung;
UdSSR
russ.;
nach Michail Wassiljewitsch

Frunse (1885–1925), sowj.
Staatsmann

Fuerteventura
Insel;
Spanien
span.;
Starkes Glück

Fukui
Siedlung;
Japan
jap.;
Glücksbrunnen

Fukuoka
Siedlung;
Japan
jap.;
Glückshügel

Fukushima
Siedlung;
Japan
jap.;
Glücksinsel

Fukuyama
Siedlung;
Japan
jap.;
Glücksberg

Funchal
Siedlung;
Portugal
port.;
von Funcho = Fenchel

Furmanow
Siedlung;
UdSSR
russ.;
nach Dmitri Andrejewitsch
Furmanow (1891–1926),
Schriftsteller

Furneaux
Inseln;
Ausstralien
engl.;
nach Tobias Furneaux
(1735–1781), Seefahrer

G

Gairdnersee
Australien
engl.;
nach Gordon Gairdner,
austral. Politiker

Galápagosinseln
Ekuador
span.;
Schildkröteninseln

Galera
Kap;
Ekuador
span.;
Galeere

Galle
Siedlung;
Sri Lanka
singhal.;
vermutlich Stein, Fels

Gallinas
Kap;
Kolumbien
span.;
Hühner

Gallipolis
Siedlung;
USA
grch.;
von Kallipolis = schöne Stadt

Galveston
Siedlung;
USA
span.;
nach Bernardo de Gálvez,
Gouverneur von Louisiana
(1777)

Gambierinseln
Frz.-Polynesien
engl.;
nach James Gambier
(1756–1833), Admiral

Gamleby
Siedlung;
Schweden
schwed.;
Altstadt
Gandhinagar
Siedlung;
Indien
Hindi;
Stadt Gandhis, nach Mahatma Gandhi (1869–1948), Politiker
Ganges
Fluß;
Indien
Hindi;
von Ganga = Fluß
Gangtok
Siedlung;
Indien
tibet.;
Spitze des Hügels
Gansu
Provinz;
China
chin.;
aus den ersten Silben der Städtenamen Ganzhou (heute Zhangye) u. Suzhou (heute Jinquan)
Garm
Siedlung;
UdSSR
tadshik.;
Warm
Garonne
Fluß;
Frankreich
kelt.;
Wahrscheinlich schneller Fluß
Garry
See;
Kanada
engl.;
n. Nicholas Garry, Angestellter d. Hudsons Bay Company
Gary
Siedlung;
USA
engl.;
nach Elbert H. Gary (1846–1927), Politiker
Gascogne
Landschaft;
Frankreich
lat.;
von Vasconia = Land der Basken
Gata, Sierra de
Gebirge;
Spanien
span.;
Nebelschleier-Gebirge
Gaza s. Ghazza
Gaziantep
Siedlung;
Türkei
türk. u. arab.;
von Gazi = Ehrenvolle Stadt u. Antep von Aintab = Gute Quelle
Ǵelibolu
Siedlung;
Türkei
grch.;
von Kallipolis = schöne Stadt
General Belgrano
Siedlung;
Argentinien
span.;
nach Manuel Belgrano (1770–1820), arg. Politiker
General San Martín
Siedlung;
Argentinien
span.;
nach José San Martín (1778–1850), arg. Politiker

Genua
Siedlung;
Italien
kelt.;
von Gena = Mündung

Geographebucht
Australien
frz.;
nach der Le Géographe, dem Schiff des Entdeckers Baudin

George
Fluß;
Kanada
engl.;
nach George III. (1738 bis 1820), brit. König

Georgetown
Siedlung;
Guyana
engl.;
nach George III. (1738 bis 1820), brit. König

Georgia
Gliedstaat;
USA
engl.;
nach George II. (1683 bis 1760), brit. König

Georgian Bay
Seeteil;
Kanada
engl.;
nach George IV. (1762 bis 1830), brit. König

Geral, Serra
Gebirge;
Brasilien
port.;
Allgemeines Gebirge

Gesellschaftsinseln
Frz.-Polynesien
engl.;
nach der Royal Society (Königliche Gesellschaft) von J. Cook benannt

Ghana
Staat;
Afrika
nach einem Königreich am mittleren Niger (4.–13. Jh.)

Ghardaja
Siedlung;
Algerien
arab.;
von Ghar = Höhle

Ghats
Gebirge;
Indien
Hindi;
Treppe, vom Gebirge hinabführender Weg

Ghazza
Siedlung;
Naher Osten
hebr.;
stark, fest

Gheorghe Gheorghiu-Dej
Siedlung;
Rumänien
rumän.;
nach Gheorghe Gheorgiu-Dej (1901–1965), Staatsmann

Gheorghiu-Dej
Siedlung;
UdSSR
rumän.;
nach Gheorghe Gheorgiu-Dej (1901–1965), Staatsmann

Gibraltar
Siedlung;
(brit.)
arab.;
v. Djabal al-Tarik = Berg d. Tarik

Gibsonwüste
Australien
engl.;
nach Alfred Gibson, Mitglied der Giles-Expedition (1876)

Giganta, Sierra de la
Gebirge;
Mexiko
span.;
Gebirge der Riesin
Gilan
Provinz;
Iran
iran.;
Sumpfland
Gilbertinseln
Kiribati
engl.;
nach Thomas Gilbert, Seefahrer, der die Inseln 1788 besuchte
Gippsland
Landschaft;
Australien
engl.;
nach George Gipps, Gouverneur von Neusüdwales (1838–1846)
Girardot
Siedlung;
Kolumbien
span.;
nach Atanasio Girardot, Held der Schlacht von Bárbula (1813) im Unabhängigkeitskampf
Glacier-Nationalpark
USA
engl.;
Gletscher-Nationalpark
Glasgow
Siedlung;
Großbritannien
kelt.;
Grüner Wald
Glittertind
Berg;
Norwegen
norw.;
Glitzernde Zinne
Glorieuses, Iles
Inseln;
Réunion (frz.)
frz.;
Ruhmreiche Inseln
Glubokaja
Fluß;
UdSSR
russ.;
Tiefer Fluß
Goa
Gliedstaat;
Indien
von Goe-Meat = Fruchtbares Land (einheimisch)
Gobi
Landschaft;
China/Mongolei
mongol.;
von Gowj = Wüste
Goce Delčev
Siedlung;
Bulgarien
bulg.;
nach Goce Nikolov Delčev (1872–1903), maked. Revolutionär
Godavari
Fluß;
Indien
Sanskrit;
Dem Vieh Wasser gebend
Godthåb
Siedlung;
Dänemark, Grönland
dän.;
Gute Hoffnung
Gogolewo
Siedlung;
UdSSR
ukr.;
nach Nikolai Wassiljewitsch Gogol (1809–1852), Dichter

Gökırmak
Fluß;
Türkei
türk.;
Blauer Fluß

Göksu
Fluß;
Türkei
türk.;
Blaues Wasser

Golaja Pristan
Siedlung;
UdSSR
ukr.;
Nackter Hafen

Golden Gate
Meeresstraße
USA
engl.;
Goldenes Tor

Goose Bay
Siedlung;
Kanada
engl.;
Gänsebucht

Gora Wyssokaja
Berg;
UdSSR
russ.;
Hoher Berg

Gori
Siedlung;
UdSSR
georg.;
Berg, Höhe

Gorjatschi Kljutsch
Siedlung;
UdSSR
russ.;
Heiße Quelle

Gorki
Siedlung;
UdSSR, RSFSR
russ.;
nach Maxim Gorki
(1868–1936), Dichter

Gornosawodsk
Siedlung;
UdSSR
russ.;
Bergbaustadt

Gorodok
Siedlung;
UdSSR
ukr.;
Städtchen.

Góry Bukowe
Berge;
Polen
poln.;
Buchenberge

Göta älv
Fluß;
Schweden
schwed.;
Gotenfluß

Gotland
Insel;
Schweden
schwed.;
Land der Goten

Gotska Sandön
Insel;
Schweden
schwed.;
Gotische Sandinsel

Gottwaldov
Siedlung;
ČSSR
tschech.;
nach Klement Gottwald
(1896–1953), Staatsmann

Gough
Insel;
St. Helena (brit.)
engl.;
nach Hugh Gough
(1779–1869), Feldmarschall

Goulburn
Inseln;
Australien
engl.;
nach Henry Goulbourn, Staatsmann

Gracias a Dios
Kap;
Nikaragua
span.;
Gott sei Dank

Graciosa
Insel;
Portugal, Azoren
port.;
Anmutig

Grahamstown
Siedlung;
Südafrika
engl.;
nach John Graham, dem Gründer (1812)

Granada
Siedlung;
Spanien
span.;
Granatapfel (in der Grundrißform eines aufgesprungenen Granatapfels entworfen)

Grande Baleine
Fluß;
Kanada
frz.;
Großer Wal

Grandiosny, Pik
Berg;
UdSSR
russ.;
Prächtiger Berg

Grand Junction
Siedlung;
USA
engl.;
Großer Zusammenfluß

Grand Rapids
Siedlung;
USA
engl.;
Große Stromschnellen

Granma
Provinz;
Kuba
span.;
nach der Granma (= Großmutter), dem Schiff mit dem Fidel Castro 1956 hier landete

Gran Paradiso
Berg;
Italien
ital.;
Großes Paradies

Gran Sasso
Gebirge;
Italien
ital.;
Großer Stein

Great Ragged Island
Insel;
Bahamas
engl.;
Große zackige Insel

Green Bay
Siedlung;
USA
engl.;
Grüne Bucht

Greenock
Siedlung;
Großbritannien
kelt.;
Sonnenhügel

Greensboro
Siedlung;
USA
engl.;
nach Nathanael Greene (1742–1786), General des Unabhängigkeitskrieges

Gregorysee
Australien
engl.;
nach Augustus Gregory
(1819–1905), Forscher
Grenoble
Siedlung;
Frankreich
lat.;
von Gratianopolis, nach
Gratianus, (359–383),
röm. Kaiser
Grigoriopol
Siedlung;
UdSSR
russ. u. grch.;
Stadt Grigoris, nach Grigori
Alexandrowitsch Potjomkin
(1739–1791), Staatsmann
Grim, Cape
Kap;
Australien
engl.;
Grimmiges Kap
Grinnelhalbinsel
Kanada
engl.;
nach Henry Grinnel
(1799–1874), Präsident der
Am. Geograph. Gesellschaft
Griz Nez
Kap;
Frankreich
frz.;
Graue Nase
Grjasi
Siedlung;
UdSSR
russ.;
Sumpfige Stelle
Grönland
Insel;
Dänemark
dän.;
Grünes Land
Groote Eylandt
Insel;
Australien
ndl.;
Große Insel
Grootfontein
Siedlung;
Namibia*
afrikaans;
Große Quelle
Grosny
Siedlung;
UdSSR
russ.;
Grausam, fürchterlich
Guadalajara
Siedlung;
Spanien
arab.;
v. Wadi al-Hidjara = Steinfluß
Guadalquivir
Fluß;
Spanien
arab.;
v. Wadi al-Kabir = Großer Fluß
Guadeloupe
Insel
(frz.)
span.;
nach dem Kloster Nuestra
Señora de Guadeloupe in
Spanien von Christoph
Kolumbus 1493 benannt
Guadix
Siedlung;
Spanien
arab.;
von Wadi Asch = Lebensfluß
Guanajuato
Siedlung;
Mexiko
indian.;
Hügel der Frösche

Guangzhou
Siedlung;
China
chin.;
Weites Gebiet

Guardafui
Kap;
Somalia
port.;
Hüte dich

Guatemala
Siedlung;
Guatemala
india.;
vermutlich Ort der Holzhaufen

Guayaquil
Siedlung;
Ekuador
india.;
nach einem Häuptling Guaya und seiner Frau Quila

Guban
Landschaft;
Somalia
Somali;
Küstenebene

Gubkin
Siedlung;
UdSSR
russ.;
nach Iwan Michailowitsch Gubkin (1871–1939), Geologe

Guelph
Siedlung;
Kanada
engl.;
nach dem Adelsgeschlecht der Guelph (= Welfen)

Guernsey
Insel;
Großbritannien, Kanalinseln
normann.;
Grüne Insel

Guerrero
Gliedstaat;
Mexiko
span.;
nach Vicente Guerrero (1738–1831), mex. Politiker

Guilin
Siedlung;
China
chin.;
Wald der Gui (Osmanthus)-Bäume

Gulbene
Siedlung;
UdSSR
lett.;
von Gulbis = Schwan

Gulistan
Siedlung;
UdSSR
Turkspr.;
Blütenland, Rosenland

Gümüşhane
Siedlung;
Türkei
türk.;
Silberhaus

Gurjew
Siedlung;
UdSSR
russ.;
nach Michail Gurjew, dem Gründer (17. Jh.)

Gurjewsk
Siedlung;
UdSSR
russ.;
nach S. S. Gurjew, Generalmajor u. Held der Sowjetunion

Gus-Chrustalny
Siedlung;
UdSSR
russ.;
Kristallgans, nach dem frühe-

ren Symbol am Eingang der 1756 gegründeten Glashütte

Gussew
Siedlung;
UdSSR
russ.;
nach S. I. Gussew, sowj. Offizier

Gus-Shelesny
Siedlung;
UdSSR
russ.;
Eiserne Gans (im Gegensatz zu Kristallgans, s. Gus-Chrustalny, für eine Metallwarenfabrik)

Gussinoosjorsk
Siedlung;
UdSSR
russ.;
Ort am Gänsesee

Guyana
Staat;
Südamerika
vermutlich nach dem Indianerstamm der Guainares

H

Haapsalu
Siedlung;
UdSSR
estn.;
Eschenwäldchen

Hágion Óros
Autonome Mönchsrepublik;
Griechenland
grch.;
Heiliger Berg

Haikou
Siedlung;
China
chin.;
Hafen

Hainan
Insel;
China
chin.;
Südlich im Meer

Haiphong
Siedlung;
Vietnam
vietnames.;
Wo die Sonne ins Meer sinkt

Haïti
Staat;
Mittelamerika
indian.;
Gebirgiges Land

Halifax
Siedlung;
Kanada
engl.;
nach George Montagu Dunk, Earl of Halifax, britischer Politiker

Halikarnassos
Ruinenstätte;
Türkei
grch.;
Meeresburg

Halk al-Wadi
Siedlung;
Tunesien
arab.;
Talkehle

Hallhalbinsel
Kanada
engl.;
nach Charles Francis Hall (1821–1871), US-am. Nordpolforscher

Halmahera
Insel;
Indonesien
indones.;
Großes Land

Haltiatunturi
Berg;
Finnland
finn.;
Berg des Haltia, eines Schutzgeistes
Hama
Siedlung;
Syrien
semit.;
Burg
Hamadan
Siedlung;
Iran
pers.;
Vereinigung
Hamamatsu
Siedlung;
Japan
jap.;
Kiefernstrand
Hambre, Cayos del
Inseln;
Kuba
span.;
Hungerinseln
Hamersleygebirge
Australien
engl.;
nach Edward Hamersley,
Förderer von Expeditionen
Hamilton
Siedlung;
Kanada
engl.;
nach George Hamilton,
dem Gründer
(1813)
Hammerfest
Siedlung;
Norwegen
norw.;
Ort am steilen Felsen
Han He
Fluß;
China
chin.;
Fluß der Han (= Chinesen)
Hanoi
Siedlung;
Vietnam
vietnames.;
Inmitten des Flusses
Haparanda
Siedlung;
Schweden
finn.;
Espenstrand
Harbin
Siedlung;
China
mandschur.;
Von Alejin = Ruhm
Hardwar
Siedlung;
Indien
Hindi;
Tür des Hari oder
Wischnu
Harrisburg
Siedlung;
USA, Pennsylvania
engl.;
nach John Harris (gest. 1748),
Händler
Haryana
Gliedstaat;
Indien
Sanskrit;
Grünes Land
Hauraki
Golf;
Neuseeland
Maori;
Nordwind
Hauran
Landschaft;
Syrien

semit.;
Land der Schluchten

Hauts-de-Seine
Département;
Frankreich
frz.;
Seinehöhen

Havanna s. La Habana

Hawaii
Insel;
USA
polyn.;
Ort der Götter

Hawd
Gebirge;
Somalia
somali;
Gestrüpp

Hawkebucht
Neuseeland
engl.;
nach Edward Hawke
(1705–1781), brit. Admiral

Hayes
Fluß;
Kanada
engl.;
nach James Hayes,
Angestellter der Hudson's Bay
Company

Hazenstraße
Meeresstraße;
Kanada
engl.;
nach William Babock Hazen
(1830–1887), US-am. Offizier

Heard
Insel;
(austral.)
engl.;
nach John J. Heard,
US-amerikanischer Seefahrer,
1853 benannt

Hebei
Provinz;
China
chin.;
Nördlich des Flusses

Hecatestraße
Meeresstraße
Kanada
engl.;
nach der Hecate, dem Schiff
des britischen Seefahrers
G. H. Richards, dem
Erforscher (1861/62)

Hecla-und-Griper-Bucht
Kanada
engl.;
nach der Hecla und der
Griper, den Schiffen
des Polarforschers
Parry

Hedmark
Fylke;
Norwegen
norw.;
Heideland

Hedschas
Landschaft;
Saudi-Arabien
arab.;
Schranke

Heerenveen
Siedlung;
Niederlande
ndl.;
Gottes Torfmoor

Hegyhát
Landschaft;
Ungarn
ung.;
Bergrücken

Heilongjiang
Fluß u. Provinz;
China
chin.;
Schwarzer-Drachen-Fluß

Heimaey
Insel;
Island
isl.;
Heimatinsel

Hekla
Vulkan;
Island
isl.;
Umhang, Kapuze

Helsinki/Helsingfors
Siedlung;
Finnland
nach den myth. Helsingi u. von Fors = Wasserfall, von schwed. Siedlern 1550 am Wasserfall des Flusses Vanda gegründet

Henan
Provinz;
China
chin.;
südlich des Flusses

Hen-and-Chickens-Inseln
Neuseeland
engl.;
Henne-und-Kücken-Inseln

Henrietta
Insel;
UdSSR
engl.;
nach Henrietta Bennett, der Frau von J.G. Bennett, dem Finanzier der De-Long-Expedition (1881)

Henrietta Maria
Kap;
Kanada
engl.;
nach der Henrietta Maria, dem Schiff des Forschers Thomas James (17. Jh.)

Hērákleion
Siedlung;
Griechenland
grch.;
nach Herakles, grch. Heros

Herald
Insel;
UdSSR
engl.;
nach der Herald (= Herold), dem Schiff des Entdeckers H. Kellet (1849)

Herbert
Fluß;
Australien
engl.;
nach Robert George Herbert, austral. Politiker

Hermoúpolis
Siedlung;
Griechenland
grch.;
Stadt des Hermes

Hidalgo
Gliedstaat;
Mexiko
span.;
nach Miguel Hidalgo y Costilla (1753–1811), Führer der Unabhängigkeitsbewegung

Hierro
Insel;
Spanien
span.;
Eisen

Hiiumaa
Insel;
UdSSR
estn.;
Riesenland

Hilo
Siedlung;
USA, Hawaii
Hawaiisch;
Halbmond

Himachal Pradesh
Gliedstaat;

Indien
Hindi;
Schneegebirgsstaat

Himalaja
Gebirge;
Asien
Sanskrit;
Wohnung des Schnees

Hindukusch
Gebirge;
Afghanistan/Pakistan
pers.;
vermutlich Indisches Gebirge

Hissar
Siedlung;
UdSSR
Turkspr.;
Festung, Burg

Hobart
Siedlung;
Australien
engl.;
nach Robert Hobart, brit. Kolonialminister (Anfang 19. Jh.)

Ho-Chi-Minh-Stadt
Siedlung;
Vietnam
vietnames.;
nach Ho Chi Minh (1890–1969), Staatsmann

Hoek van Holland
Siedlung;
Niederlande
ndl.;
Ecke von Holland

Hohhot
Siedlung;
China
mongol.;
Blaue Stadt

Hokkaido
Insel;
Japan
jap.;
Nordmeerweg

Hollywood
Siedlung;
USA
engl.;
Stechpalmenwald

Holmsund
Siedlung;
Schweden
schwed.;
Inselstraße,
Inselsund

Holyhead
Siedlung;
Großbritannien
engl.;
Heiliger Kopf

Holyoke
Siedlung;
USA
engl.;
nach Elizur Holyoke,
Forscher

Hombre Muerto
Salzsumpf;
Argentinien
span.;
Toter Mann

Homebucht
Kanada
engl.;
nach Everard Home,
brit. Politiker

Honduras
Staat;
Mittelamerika
span.;
von Las Honduras
= Die Tiefen

Hønefoss
Siedlung;
Norwegen
norw.;
Hühnerfall

Hong Ha
Fluß;
Vietnam
vietnames.;
Roter Fluß
Hongkong
Insel;
(brit.)
chin.;
von Xianggang = Duftender Hafen
Honolulu
Siedlung;
USA, Hawaii
polyn.;
Geschützter Hafen
Honshu
Insel;
Japan
jap.;
Hauptgebiet
Hoorn
Kap;
Chile
ndl.;
nach der Stadt Hoorn (= Horn)
Hoover
Staudamm;
USA
engl.;
nach Herbert Hoover (1874 bis 1964), US-am. Präsident
Hopes Advanced
Kap;
Kanada
engl.;
Verstärkte Hoffnungen
Horta
Siedlung;
Portugal
port.;
Garten
Hot Springs
Siedlung;
USA
engl.;
Heiße Quellen
Houston
Siedlung;
USA
engl.;
nach Samuel Houston (1793–1863), US-am. Politiker
Houtman
Felsen;
Australien
ndl.;
nach Frederik de Houtman, dem Entdecker (1619)
Howe
Kap;
Australien
engl.;
nach Richard Howe, brit. Admiral (Ende 18. Jh.)
Howland
Insel;
(US-am.)
engl.;
nach Howland, US-am. Seemann, der die Insel zuerst sah (1842)
Hradec Kralové
Siedlung;
ČSSR
tschech.;
Kronbesitz der Königin
Huainan
Siedlung;
China
chin.;
südlich des Flusses Huai
Huallaga
Fluß;
Peru
indian.;
Der Große

Huang He
Fluß;
China
chin.;
Gelber Fluß

Hubei
Provinz;
China
chin.;
Nördlich des Sees

Hudson
Fluß;
USA
engl.;
nach Henry Hudson (1550–1611), Seefahrer

Hugo
Siedlung;
USA
frz.;
nach Victor Hugo (1802–1885), Schriftsteller

Humboldt
Fluß;
USA
dt.;
nach Alexander von Humboldt (1769–1859), Naturforscher

Hunan
Provinz;
China
chin.;
Südlich des Sees

Hunter
Fluß;
Australien
engl.;
nach John Hunter, Gouverneur von Neusüdwales (1795 bis 1800)

Huntington
Siedlung;
USA, Westvirginia
engl.;
nach Collis Potter Huntington (1821–1900), US-am. Kaufmann

Huntsville
Siedlung;
USA
engl.;
nach John Hunt, der hier siedelte (1805)

Huron
See;
Kanada/USA
frz.;
nach dem Indianerstamm der Huronen

Húsavík
Siedlung;
Island
isl.;
Häuserbucht

Hvalsund
Bucht;
Dänemark, Grönland
dän.;
Walsund

Hvitá
Fluß;
Island
isl.;
Weißer Fluß

I

Icy Cape
Kap;
USA
engl.;
Eisiges Kap

Iglesias
Siedlung;
Italien
lat.;
von Ecclesia = Kirche

Iguaçu/Iguassu
Fluß;
Brasilien/Argentinien
indian.;
Großes Wasser

Ikeda
Siedlung;
Japan
jap.;
Teichfeld

Île-à-Vache
Insel;
Haïti
frz.;
Kuhinsel

Île de France
Landschaft;
Frankreich
frz.;
Insel Frankreichs

Ilha Grande
Siedlung;
Brasilien
port.;
Große Insel

Ili
Fluß;
UdSSR
kalmück.;
Glitzernd, funkelnd

Ilidža
Siedlung;
Jugoslawien
türk.;
Bad

Illinois
Gliedstaat;
USA
indian.;
nach einem Indianerstamm

Ilmen
See;
UdSSR
russ.;
lokale Bezeichnung für seeartige Flußbetterweiterung

Imandra
See;
UdSSR
lapp.;
Großer See

Imeni 26 Bakinskich Komissarow
Siedlung;
UdSSR
russ.;
zu Ehren v. 26 Revolutionären Transkaukasiens (am 20. 9. 1918 v. Konterrevolutionären erm.)

Imeni Stepana Rasina
Siedlung;
UdSSR
russ.;
zu Ehren von Stepan Timofejewitsch Rasin (1630 bis 1671), Bauernführer

Imeni Worowskowo
Siedlung;
UdSSR
russ.;
zu Ehren v. Wazlaw Wazlawowitsch Worowski (1871–1923), sowj. Staatsmann

Imeni Wosse
Siedlung;
UdSSR
russ./tadshik.;
zu Ehren von Wosse, dem Führer des Volksaufstandes 1885

Imperatriz
Siedlung;
Brasilien
port.;
Kaiserin

İnce Burun
Kap;
Türkei
türk.;
schmales, spitzes Kap

İncekum
Kap;
Türkei
türk.;
Schmaler Sand
İncesu
Siedlung;
Türkei
türk.;
Schmales Wasser
Independencegebirge
USA
engl.;
Unabhängigkeitsgebirge
Independența
Siedlung;
Rumänien
rumän.;
Unabhängigkeit
Indonesien
Staat;
grch.;
Indische Inseln
Indus
Fluß;
Pakistan
Sanskrit;
von Sindh = Fluß
Infiernillo
Stausee;
Mexiko
span.;
Kleine Hölle
Ingoda
Fluß;
UdSSR
ewenk.;
Kieselfluß
Inscription
Kap;
Australien
engl.;
Inschrift
Interlaken
Siedlung;
Schweiz
lat.;
von Inter Lacus = Zwischen Seen
International Falls
Siedlung;
USA
engl.;
Internationale Wasserfälle
Inuvik
Siedlung;
Kanada
eskim.;
Der Platz des Mannes
Inverness
Siedlung;
Großbritannien
kelt.;
Mündung des Flusses Ness
Investigatorstraße
Meeresstraße;
Australien
engl.;
nach der Investigator (= Forscher), dem Schiff des Seefahrers Matthew Flinders (1774–1814)
Io-Inseln
Japan
jap.;
Schwefelinseln
Ionisches Meer
Mittelmeer
in der Antike nach der Göttin Io und deren Umherirren,
nicht nach den Ioniern
Irak
Staat;
Asien;
arab.;
Niederung

Iran
Staat;
Asien
altpers.;
nach den Iranern (= Edle, Angesehene)
Iremel
Berg;
UdSSR
Turkspr.;
Heilig
Irgis
Fluß;
UdSSR
kasach.;
Tapferes Mädchen
Irian Jaya
Provinz;
Indonesien
indones.;
Siegreiches Neuguinea
Irland
Staat;
Europa
kelt.;
Land der Iren, vermutlich von Erin = Grün oder Westen
Iron Knob
Siedlung;
Australien
engl.;
Eisenbrocken
Ironwood
Siedlung;
USA
engl.;
Eisenholzbaum
Iroquois Falls
Siedlung;
USA
frz./engl.;
Irokesenfälle
Irrawaddy
Fluß;
Burma
Sanskrit;
Wasserreicher Fluß
Irtysch
Fluß;
UdSSR
tat.;
vermutlich Landaufwühler
Isáfjord
Island
isl.;
Eiswasserfjord
Ishikari
Fluß;
Japan
Ainu;
Großer, sich windender
Ishikawa
Präfektur;
Japan
jap.;
Steinfluß
Isjaslaw
Siedlung;
UdSSR
ukr.;
nach Isjaslaw, dem Sohn von Wladimir Swjatoslawowitsch von Kiew (gest. 1015)
İskenderun
Siedlung;
Türkei
türk.;
von Iskender = Alexander
Islamabad
Siedlung;
Pakistan
Urdu;
Stadt des Islam
Island
Staat;
Europa

germ.;
Eisland
Islands, Bay of
Bucht
Neuseeland
engl.;
Bucht der Inseln
Isle Royal
Insel;
USA
frz.;
Königliche Insel
Ismaïlija, Al-
Siedlung,
Ägypten
arab.;
nach Ismaïl Pascha
(1830–1895), Vizekönig von
Ägypten
İsnik
Siedlung;
Türkei
grch.;
von Nikaia = Siegesstadt
Isola delle Correnti
Kap;
Italien
ital.;
Insel der Strömungen
Israel
Staat;
Asien
hebr.;
Es streitet Gott
Issatschenko
Insel;
UdSSR
russ.;
nach Boris Lawrentjewitsch
Issatschenko (1871–1948),
sowj. Mikrobiologe und
Botaniker
Issyk-Kul
See;
UdSSR
kirgis.;
Heißer See
İstanbul
Siedlung;
Türkei
von griechisch
Konstantinopolis
= Stadt Konstantins,
nach Konstantin I. (274–337),
römischer Kaiser
Italien
Staat;
Europa
nach Italos,
mythologisch König,
oder von griechisch
Italos = Jungtier
in der Antike nur für
Kalabrien
Iturup
Insel;
UdSSR
Ainu;
Qualle, Medusa
Iwangorod
Siedlung;
UdSSR
russ.;
nach Iwan III. Wassiljewitsch
(1440–1505), Großfürst von
Moskau
Iwano-Frankowsk
Siedlung;
UdSSR
ukr.;
nach Iwan Jakowlewitsch
Franko (1856–1916), Schriftsteller
Iwdel
Siedlung;
UdSSR
mans.;
Waldlos

J

Jablonowy
Gebirge;
UdSSR
burjat.;
Begehbarer Paß

Jacaré
Fluß;
Brasilien
port.;
Kaiman

Jackson
Siedlung;
USA
engl.;
nach Andrew Jackson (1767–1845), US-am. Präsident

Jacksonville
Siedlung;
USA, Arkansas
engl.;
nach Nicholas Jackson 1870 benannt

Jacksonville
Siedlung;
USA, Florida
engl.;
nach Andrew Jackson (1767–1845), US-am. Präsident

Jacques-Cartier-Straße
Meeresstraße;
Kanada
frz.;
nach Jacques Cartier (1491–1557), Seefahrer

Jaipur
Siedlung;
Indien
Sanskrit;
Siegesstadt

Jaiwa
Fluß;
UdSSR
Komi;
Fluß der Väter

Jakobshavn
Siedlung;
Dänemark, Grönland
dän.;
nach dem Gründer Jakob Severin (1749)

Jalapa
Siedlung;
Mexiko
aztek.;
von Xalapan = Sandwasser

Jamaika
Staat;
Mittelamerika
indian.;
Quelleninsel, gut bewässert

Jamal
Halbinsel;
UdSSR
nenz.;
Ende des Landes

Jamantau
Berg;
UdSSR
baschkir.;
Schlimmer Berg

Jamesbucht
Kanada
engl.;
nach Thomas James, der die Bucht erforschte (1631)

Jamestown
Siedlung;
USA, New York
engl.;
nach James Prendergast, Siedler (1811)

Jamestown
Siedlung;
USA, Virginia

engl.;
nach James I. (1566–1625), brit. König

Jana
Fluß;
UdSSR
ewenk.;
Sehr großer Fluß

Janbu al-Bahr
Siedlung;
Saudi-Arabien
arab.;
Meeresquelle

Jang
Gebirge;
UdSSR
ewenk.;
Berg, Höhe

Jangijer
Siedlung;
UdSSR
usbek.;
Neuland

Jangtsekiang
Fluß;
China
chin.;
von Yangzijiang = Strom der Provinz Yang, (heute chin. Changjiang = Langer Strom)

Jan Mayen
Insel;
(norw.)
ndl.;
nach Jan Jacobsz May, Seefahrer, dem Entdecker (1611)

Japan
Staat;
Asien
chin.;
von Riben (Jipen) = Sonnenaufgang

Jaransk
Siedlung;
UdSSR
Mari;
von Jaran = Leere Stelle

Jardim
Siedlung;
Brasilien
port.;
Garten

Jardines de la Reina
Inseln;
Kuba
span.;
Gärten der Königin

Jaroslawl
Siedlung;
UdSSR
russ.;
nach Jaroslaw Mudry (978–1054), Großfürst von Kiew

Jar-Sale
Siedlung;
UdSSR
nenz.;
Sandkap

Jasny
Siedlung;
UdSSR
russ.;
Klar, hell

Jasper
Siedlung;
Kanada
engl.;
nach Jasper Hawes, Pelzhändler

Jasper
Siedlung;
USA
engl.;
nach William Jasper, Sergeant im Unabhängigkeitskrieg

Jawa
Insel;
Indonesien
Sanskrit;
vermutlich von Jawa Dwipa = Hirse- oder Gersteninsel

Jawor
Siedlung;
Polen
poln.;
Ahorn

Jayapura
Siedlung;
Indonesien
indones.;
Siegreiche Stadt

Jeanette
Insel;
UdSSR
engl.;
nach der Jeanette, dem Schiff des US-am. Polarforschers George De Long (1844–1881)

Jefferson City
Siedlung;
USA
engl.;
nach Thomas Jefferson (1743–1826), US-am. Präsident

Jēkabpils
Siedlung;
UdSSR
lett.;
Jakobburg

Jekaterinastraße
Meeresstraße;
UdSSR
russ.;
nach der Jekaterina, dem Schiff der ersten russ. Mission nach Japan unter Leitung von A. Laksmann (1792)

Jelenia Góra
Siedlung;
Polen
poln.;
nach Jelnik, einem Ritter (11. Jh.)

Jelez
Siedlung;
UdSSR
russ.;
lokale Bezeichnung für jungen Eichenwald

Jelisaweta
Kap;
UdSSR
russ.;
nach Jelisaweta Petrowna/Elisabeth (1709–1761), russ. Zarin

Jelisowo
Siedlung;
UdSSR
russ.;
nach G. Jelisow (1922 von Weißgardisten erm.), Führer einer Partisaneneinheit

Jemen (Jemenitische Ar, VDR Jemen)
Staaten;
Asien
arab;.
Rechte Seite

Jenissej
Fluß;
UdSSR
ewenk.;
Großer Fluß

Jerez de la Frontera
Siedlung;
Spanien
arab./span.;
Stadt an der Grenze

Jerez de los Caballeros
Siedlung;

Spanien
arab./span.;
Stadt der Ritter
Jerewan
Siedlung;
UdSSR
vermutlich armen.;
Land der Jeri
Jergeni
Höhenzug;
UdSSR
kalmück.;
Steile Stufe
Jericho
Siedlung;
Australien
hebr.;
Duftender Ort
Jermak
Siedlung;
UdSSR
russ.;
nach Jermak Timofejewitsch (gest. 1585), Kosakenataman
Jerofej Pawlowitsch
Siedlung;
UdSSR
russ.;
nach Jerofej Pawlowitsch Chabarow (1610–1667), Sibirienfahrer
Jerusalem/Al-Kuds
Siedlung;
Naher Osten
hebr./arab.;
Die Heilige
Jessentuki
Siedlung;
UdSSR
tscherkess.;
vermutlich vertrauter Winkel
Jewpatorija
Siedlung;
UdSSR
grch.;
von Eupatorion = Von einem edlen Vater abstammend
Jiangsu
Provinz;
China
chin.;
aus den ersten Silben der Städtenamen Jiangning (heute Nanjing) und Suzhou
Jiangxi
Provinz;
China
chin.;
Westlich des Stromes
Jilib
Siedlung;
Somalia
Somali;
Biegung
Jilin
Siedlung;
China
mandschur.;
von Jilinwula = Entlang des Flusses
Jinan
Siedlung;
China
chin.;
südlich der Flußüberquerung
João Pessoa
Siedlung;
Brasilien
port.;
nach João Pessoa, bras. Staatspräsident, 1930 benannt
Jodhpur
Siedlung;
Indien
Sanskrit;
Kriegerstadt

Johannesburg
Siedlung;
Südafrika
afrikaans;
nach Johann Rissik und Christian Johannes Joubert, Geschäftsleute

Johnston
Insel;
(US-am.)
engl.;
nach C. J. Johnston, dem Entdecker (1807)

Johnstown
Siedlung;
USA, Pennsylvania
engl.;
nach Joseph Johns, dem Gründer (1800)

Joinville
Insel;
Antarktis
frz.;
nach François de Joinville (1818–1900), Seeoffizier

Jökulsá
Fluß;
Island
isl.;
Gletscherfluß

Joliet
Siedlung;
USA
frz.;
nach Louis Jolliet (1645–1700), kan. Forscher

Jonesboro
Siedlung;
USA
engl.;
nach William A. Jones, US-amerikanischer Senator (Mitte 19. Jh.)

Jonessund
Kanada
engl.;
nach dem Ratsherren Jones, einem Förderer von Expeditionen (17. Jh.)

Jonquière
Siedlung;
Kanada
frz.;
nach dem Marquis de La Jonquière, Gouverneur von Neufrankreich (1749–1752)

Joplin
Siedlung;
USA
engl.;
nach Harris Joplin, Missionar

Joseph-Bonaparte-Golf
Australien
frz.;
nach Joseph Bonaparte (1768–1874), Bruder Napoleons I.

Jotunheim
Gebirge;
Norwegen
norw.;
Wohnung der Bergriesen

Juan-de-Fuca-Straße
Meeresstraße;
Kanada/USA
span.;
nach Juan de Fuca, grch. Seefahrer in span. Diensten (Ende 16. Jh.)

Juan-Fernández-Inseln
Chile
span.;
nach Juan Fernández (um 1536 bis um 1604), Seefahrer

Jug
Fluß;
UdSSR
finn.;
von Joki = Fluß

Jugoslawien
Staat;
Europa
slaw.;
Land der Südslawen
Juiz de Fora
Siedlung;
Brasilien
port.;
Landrichter
Julianatop
Berg;
Suriname
ndl.;
nach Juliana (geb. 1909), Königin der Niederlande (1948–1980)
Junction City
Siedlung;
USA
engl.;
Zusammenkunftsstadt (am Zusammenfluß von Republican u. Smoky Hill)
Juneau
Siedlung;
USA
engl.;
nach Joe Juneau, Goldsucher
Junjacha
Fluß;
UdSSR
lapp.;
Stiller Fluß
Jurjew-Polski
Siedlung;
UdSSR
russ.;
Stadt auf dem Felde, nach Jurij Dolgoruki (Ende 11. Jh.–1157), Fürst von Susdal
Jūrmala
Siedlung;
UdSSR
lett.;
Strand
Jurmatau
Berg;
UdSSR
Turkspr.;
Geh nicht!
Jushny, Mys
Kap;
UdSSR
russ.;
Südliches Kap
Juventud, Isla de la
Insel;
Kuba
span.;
Insel der Jugend

K

Kaachka
Siedlung;
UdSSR
tadshik.;
Festung
Kabul
Siedlung;
Afghanistan
pers.;
Warenlager
Kabylei
Landschaft;
Algerien
arab.;
von Kabila = Stamm
Kaduna
Fluß;
Nigeria
Haussa;
Krokodile

Kafirnigan
Fluß;
UdSSR
tadshik.;
Die Ungläubigen verbergend

Kagan
Siedlung;
UdSSR
mongol.;
Großer Khan

Kaifeng
Siedlung;
China
chin.;
Die Grenze ausdehnen

Kairakkum
Siedlung;
UdSSR
Turkspr.;
Schmirgelsand

Kairawan
Siedlung;
Tunesien
arab.;
Lagerstadt

Kairo s. Al-Kahira

Kalamazoo
Siedlung;
USA
indian.;
Kochendes Wasser

Kalat
Siedlung;
Pakistan
pers.;
Burg

Kalevala
Siedlung;
UdSSR
finn./karel.;
nach dem Nationalepos Kalevala

Kalgoorlie
Siedlung;
Australien
austral.;
Name einer Dornbuschart

Kaliakra
Kap;
Bulgarien
grch.;
Schönes Kap

Kalifornien
Landschaft;
Mexiko/USA
span.;
von Calida Fornalla = Heißer Ofen

Kalinin
Siedlung;
UdSSR
russ.;
nach Michaïl Iwanowitsch Kalinin (1875–1946), sowj. Staatsmann

Kallaste
Siedlung;
UdSSR
estn.;
von Kallas = Küste

Kalmykien
ASSR;
UdSSR
Turkspr.;
Land der Kalmyken, vermutlich von Kalmak = Abgesondert

Kaluga
Siedlung;
UdSSR
russ.;
vermutlich Sumpfige Wiese

Kama
Fluß;
UdSSR
udmurt.;
Lang

Kamen
Berg;
UdSSR
russ.;
Stein
Kamenez-Podolski
Siedlung;
UdSSR
ukr.;
steiniger Ort in Podolien
Kamengrad
Siedlung;
Jugoslawien
serbokr.;
Steinstadt
Kamennomostski
Siedlung;
UdSSR
russ.;
Ort an der Steinbrücke
Kamennyje, Ostrowa
Inseln;
UdSSR
russ.;
Steinige Inseln
Kamerun
Staat;
Afrika
port.;
von Camarão = Krabbe, nach einem Fluß Rio dos Camarãos
Kamloops
Siedlung;
Kanada
indian.;
Begegnung der Wasser
Kamo
Siedlung;
UdSSR
armen.;
n. Simon Arschakowitsch Kamo (1882–1922), Arbeiterführer
Kampala
Siedlung;
Uganda
Luganda;
von Mpala = Impala-Gazelle
Kamtschatka
Halbinsel;
UdSSR
russ./korjak.;
vermutlich Land der Leute am äußersten Ende
Kanada
Staat;
Nordamerika
indian.;
von Kanata = Dorf, Siedlung
Kanaren
Inseln;
Spanien
lat.;
Inseln der Hunde
Kanasch
Siedlung;
UdSSR
tschuwasch.;
Sowjet
Kanchenjunga
Berg;
Bhutan/Indien
tibet.;
Fünf Schatzkammern des großen Schnees
Kandahar
Siedlung;
Afghanistan
grch./pers.;
entstellt aus Iskander, nach Alexander III., dem Großen (356–323 v. u. Z.), König von Makedonien
Kandalakscha
Siedlung;
UdSSR
karel.;
von Kantalahti = Buchtspitze, Buchtende

Kandy
Siedlung;
Sri Lanka
singhal.;
Berg

Kanebecken
Meeresbucht;
Dänemark, Grönland/Kanada
engl.;
n. Elisha Kent Kane (1820–1857), US-am. Polarforscher

Kanibadam
Siedlung;
UdSSR
usbek.;
Mandelstadt

Kanin
Halbinsel;
UdSSR
nenz.;
schlank

Kanniyakumari
Kap;
Indien
Hindi;
Jungfrau

Kansas
Fluß;
USA
indian.;
nach einem Indianerstamm

Kant
Siedlung;
UdSSR
kirgis.;
Zucker

Kapsukas
Siedlung;
UdSSR
lit.;
nach Vincas-Kapsukas Mickevicius (1880–1935), Arbeiterführer

Kapverden
Staat;
Afrika
port.;
von Cabo Verde, Inseln am grünen Kap

Karabasch
Siedlung;
UdSSR
Turkspr.;
Schwarzer Kopf

Karabil
Gebirge;
UdSSR
turkmen.;
Schwarzer Rücken

Kara-Bogas-Gol
See;
UdSSR
Turkspr.;
Schwarze-Kehle-See

Karabulak
Siedlung;
UdSSR
Turkspr.;
Schwarze Quelle

Karaburun
Kap;
Türkei
türk.;
Schwarzes Kap

Karaganda
Siedlung;
UdSSR
Turkspr.;
von Karaganik (lat. Caragana) = Erbsenstrauch

Karakalpakien
ASSR;
UdSSR
Turkspr.;
Land d. Karakalpaken (nach den schwarzen Kappen Kalpak)

Karakorum
Gebirge;

Asien
Turkspr.;
Schwarzes Gebirge
Karakul
See;
UdSSR
Turkspr.;
Schwarzer See
Karakum
Landschaft;
UdSSR
Turkspr.;
Schwarzer Sand
Karamay
Siedlung;
China
uigur.;
Schwarzes Öl
Karapınar
Siedlung;
Türkei
türk.;
Schwarze Quelle
Karasee
Meer;
UdSSR
nenz.;
Stauendes Eis
Karasu
Fluß;
Türkei
türk.;
Schwarzes Wasser
Karatal
Fluß;
UdSSR
kasach.;
Schwarze Weide (Baum)
Karatasch
Berg;
UdSSR
Turkspr.;
Schwarzer Stein
Karatau
Gebirge;
UdSSR
Turkspr.;
Schwarzes Gebirge
Karaul
Siedlung;
UdSSR
Turkspr.;
Wachtturm
Kärdla
Siedlung;
UdSSR
schwed.;
von Kärrdal = Sumpftal
Karelien
ASSR;
UdSSR
finn.;
Land der Karelier (= Hirten)
Karibisches Meer
Mittelamerika
nach dem indian. Volk der Kariben (vermutlich = Helden)
Karlo-Liebknechtowsk
Siedlung;
UdSSR
dt.;
nach Karl Liebknecht (1871–1919), Arbeiterführer
Karlo-Marxowo
Siedlung;
UdSSR
dt.;
nach Karl Marx (1818–1883), Klassiker des Marxismus-Leninismus
Karlovy Vary
Siedlung;
ČSSR
tschech.;
Warme Quelle des Karl, nach Karl IV. (1316–1378), röm.-dt. Kaiser

Karlsen
Kap;
UdSSR
norw.;
nach Elling Carlsen,
Polarforscher

Karlshamn
Siedlung;
Schweden
schwed.;
Karlshafen, nach Karl XI.
(1655–1697), König von
Schweden

Karlskrona
Siedlung;
Schweden
schwed.;
Karls Krone, nach Karl XI.
(1655–1697), König von
Schweden

Karlstad
Siedlung;
Schweden
schwed.;
nach Karl IX. (1550–1611),
König von Schweden

Karolina, Nord- u. Süd-
Gliedstaaten;
USA
engl.;
nach Karl II./Charles II.
(1630–1685), König von
England

Karolinen
Inseln;
Pazifische Inseln/Mikronesien
(von USA verw.)
span.;
nach Karl/Carlos II.
(1661–1700), span. König

Karpinsk
Siedlung;
UdSSR
russ.;
nach Alexandr Petrowitsch
Karpinski (1846–1936),
Geologe

Karroo
Landschaft;
Südafrika
hottentott.;
von Karusa = Trocken,
unfruchtbar

Karschi
Siedlung;
UdSSR
Turkspr.;
Festung

Karyaí
Siedlung;
Griechenland
grch.;
Nußdorf

Karthago
Ruinenstätte;
Tunesien
phön.;
von Kart Hadascht = Neue
Stadt

Kasachstan
SSR;
UdSSR
Turkspr.;
Land der Kasachen,
vermutlich von Kasak
= Umherziehen

Kasan
Siedlung;
UdSSR
tat.;
Kessel

Kasbegi
Siedlung;
UdSSR
georg.;
nach Alexander Kasbegi
(1848–1893),
Schriftsteller

Kaskadengebirge
Kanada/USA
nach den Wasserfällen/Kaskaden des Columbia u. Fraser
Kasli
Siedlung;
UdSSR
mans.;
von Chasli = Moos
Kaspisches Meer
UdSSR/Iran
schon in der Antike nach dem Volk der Kaspier
Kassimow
Siedlung;
UdSSR
russ.;
nach Kassim (gest. 1469), Tatarenkhan
Kastanéai
Siedlung;
Griechenland
grch.;
Kastanienort
Kastilien
Landschaft;
Spanien
span.;
von Castillos, Land der Burgen
Katalonien
Region;
Spanien
span. Cataluña, vermutlich von Gotalania = Land der Goten (Westgoten)
Kattakurgan
Siedlung;
UdSSR
usbek.;
Große Befestigung
Kattegatt
Meeresstraße;
Dänemark/Schweden
altnord. o. dän.;
Schiffsweg o. Katzenloch
Katun
Fluß;
UdSSR
altai.;
Frau
Kaukakee
Siedlung;
USA
indian.;
Wundervolles Land
Kaunas
Siedlung;
UdSSR
lit.;
nach der Legende nach Kaunas, dem Gründer
Kavir
Landschaft;
Iran
pers.;
Groß
Kawasaki
Siedlung;
Japan
jap.;
Flußkap
Kayseri
Siedlung;
Türkei
grch.;
von Kaisáreia = Kaiserstadt
Kearney
Siedlung;
USA, Nebraska
engl.;
nach Stephen Watts Kearney (1794–1848),
US-am. General
Kebnekaise
Berg;
Schweden
lapp.;
Kesselberg

Kedrowaja
Berg;
UdSSR
russ.;
Zedernberg
Kefallēnía, Keffalinia
Insel;
Griechenland
grch.;
Hügelige Insel
Kenia
Berg;
Kenia
Kikuyu;
von Kere-Nyaga = Berg der Weißheit
Kennedystraße
Meeresstraße;
Dänemark, Grönland/Kanada
engl.;
nach J. P. Kennedy, Polarforscher
Kenora
Siedlung;
Kanada
engl.;
aus den zwei ersten Buchstaben der Ortsteile Keewatin, Norman u. Rat Portage zusammengesetzt
Kenosha
Siedlung;
USA
indian.;
Hecht
Kent
Grafschaft;
Großbritannien
kelt.;
Gebiet
Kent
Siedlung;
USA
engl.;
nach Marvin Kent
Kentau
Siedlung;
UdSSR
kasach.;
Erzberge
Keokuk
Siedlung;
USA
indian.;
nach einem Häuptling der Sauk-Indianer
Kerguelen
Inseln;
Frz. Südpolarmeergebiet
frz.;
nach Ives-Joseph-de-Kerguelen (1734–1797), Seefahrer
Kermadec
Inseln;
Neuseeland
frz.;
nach einem Schiff des Entdekkers Raymond Joseph de Bruni D'Entreasteaux (1739 bis 1793)
Kertsch
Siedlung;
UdSSR
russ.;
Berge
Ketmen
Gebirge;
UdSSR
kasach.;
Hacke
Kettering
Siedlung;
USA
engl.;
nach Charles Franklin Kettering (1876–1958), Ingenieur
Key West
Siedlung;

USA
span.;
von Cayos Huesos = Knocheninseln

Khanpur
Siedlung;
Pakistan
Urdu;
Königsstadt

Khartum
Siedlung;
Sudan
arab.;
Rüssel (nach der Form der Landzunge zwischen Weißem und Blauem Nil)

Khorasan
Landschaft;
Iran
pers.;
Land des Sonnenaufgangs

Kiełbaska
Fluß;
Polen
poln.;
Würstchen

Kiew
Siedlung;
UdSSR
ukr.;
nach der Überlieferung nach einem Fürst Kij

Kilauea
Berg;
USA, Hawaii
polyn.;
Aufsteigende Rauchwolke

Kildare
Grafschaft;
Irland
kelt.;
Kirche der Eiche

Kilimandscharo
Berg;
Tansania
Swahili;
vermutlich Berg des Schneegottes oder des bösen Geistes

Kimberley
Siedlung;
Südafrika
engl.;
nach dem Earl of Kimberley, Kolonialminister (1880 bis 1882)

Kinabalu
Berg;
Malaysia
mal. (Dusun);
von Akinabalu = Verehrter Ort der Toten

Kinginsel
Australien
engl.;
nach Philip Gidley King, Gouverneur von Neusüdwales (1800–1806)

Kingissepp
Siedlung;
UdSSR
estn.;
nach Viktor Eduardowitsch Kingissepp (1888–1922), Arbeiterführer

Kingman
Insel;
(US-am.)
engl.;
nach W. E. Kingman, Seefahrer

Kingston
Siedlung;
Kanada
engl.;
Königsstadt;
nach George III. (1738–1820), brit. König

Kingston upon Hull
Siedlung;
Großbritannien
engl.;
Königsstadt am Fluß Hull, nach Edward I. (1239 bis 1307), König von England

King-William-Insel
Kanada
engl.;
nach William IV. (1765–1837), brit. König

Kinshasa
Siedlung;
Zaïre
afrik.;
n. einem Dorf des Teke-Volkes

Kirgisien
SSR
UdSSR
Turkspr.;
Land der Kirgisen (= Steppenleute)

Kiribati
Staat;
Ozeanien
einheim.;
von engl. Gilbert, s. Gilbertinseln

Kiritimati
Insel;
Kiribati
einheim.;
von engl. Christmas = Weihnachten

Kirillow
Siedlung;
UdSSR
russ.;
nach Kyrill (827–869), Begründer des slaw. Alphabets

Kirow
Siedlung;
UdSSR
russ.;
nach Sergej Mironowitsch Kirow (1886–1934), sowj. Politiker

Kırşehir
Siedlung;
Türkei
türk.;
Graue Stadt

Kiruna
Siedlung;
Schweden
lapp.;
Birkhuhn

Kisalföld
Landschaft;
Ungarn
ung.;
Kleine Tiefebene

Kischinjow/Kischineu
Siedlung;
UdSSR
moldau./türk.;
v. Kischla-Nou = Neues Dorf

Kisiljurt
Siedlung;
UdSSR
Turkspr.;
Rotes Land

Kisiltaschliman
UdSSR
Turkspr.;
Roter-Stein-Liman

Kisljar
Siedlung;
UdSSR
Turkspr.;
Roter Steilhang

Kislowodsk
Siedlung;
UdSSR
russ.;
Ort des sauren Wassers, Säuerling

Kitakyushu
Siedlung;
Japan
jap.;
Nord-Kyushu
Kitchener
Siedlung;
Kanada
engl.;
nach Horatio Kitchener (1850–1916), Feldmarschall u. Politiker
Kitoi
Fluß;
UdSSR
altburjat.;
Wolfsfluß
Kiviõli
Siedlung;
UdSSR
estn.;
Steinöl, Ölschiefer
Kızılırmak
Fluß;
Türkei
türk.;
Roter Strom
Kızıltepe
Siedlung;
Türkei
türk.;
Roter Hügel
Kjachta
Siedlung;
UdSSR
burjat.;
Queckenort
Kjellmaninseln
UdSSR
schwed.;
nach Frans Reinhold Kjellmann (1846–1907), Botaniker
Klaipeda
Siedlung;
UdSSR
lit.;
vermutlich Flache Gegend
Klarälven
Fluß;
Schweden
schwed.;
Der klare Fluß
Klisura
Siedlung;
Bulgarien
bulg.;
Schlucht
Kljutschewskaja Sopka
Berg;
UdSSR
russ.;
Vulkan bei einem quellenreichen Ort
Kneževi Vinogradi
Siedlung;
Jugoslawien
serbokr.;
Fürstliche Weinberge
Knjashji Gory
Siedlung;
UdSSR
russ.;
Fürstliche Berge
Knoxville
Siedlung;
USA
engl.;
nach Henry Knox (1750–1806), General
Knud-Rasmussen-Land
Landschaft;
Dänemark, Grönland
dän.;
nach Knud Rasmussen (1879–1933), Polarforscher

København
Siedlung;
Dänemark
dän.;
Kaufmannshafen
Kobyła Góra
Berg;
Polen
poln.;
Stutenberg
Kodar
Gebirge;
UdSSR
ewenk.;
Felsen
Kodiak
Insel;
USA
eskim.;
von Kikhtak = Insel
Koffiefontein
Siedlung;
Südafrika
afrikaans;
Kaffeequelle
Koksu
Fluß;
UdSSR
Turkspr.;
Blaues Wasser
Koktschetaw
Siedlung;
UdSSR
Kasach.;
von Koktsche Tau = Blauer Berg
Kola
Fluß;
UdSSR
lapp.;
von Kol = Gold
Kolgujew
Insel;
UdSSR
finnougr.;
von Kuliga = Ecke, Winkel
Kolomna
Siedlung;
UdSSR
russ.;
Umgebung, Nachbarschaft
Kolwa
Fluß;
UdSSR
Komi;
Holzwasser
Komintern
Siedlung;
UdSSR
russ.;
Kurzform für Kommunistische Internationale
Kommandeurinseln
UdSSR
russ.
nach dem Kommandeur Vitus Bering (1681–1741), dän. Seefahrer in russ. Diensten
Kommunar
Siedlung;
UdSSR
russ.;
Kommunarde, Anhänger der Pariser Kommune (1871)
Komoren
Staat;
Afrika;
arab.;
Mondinseln
Komsomolez
Insel;
UdSSR
russ.;
Komsomolze
Komsomolsk
Siedlung;
UdSSR
russ.;

Ort des Komsomol, des sowj. Jugendverbandes
Kong-Christian-IX.s-Land
Landschaft;
Dänemark, Grönland
dän.;
nach Christian IX. (1818 bis 1906), König von Dänemark
Kong-Christian-X.s-Land
Landschaft;
Dänemark, Grönland
dän.;
n. König Christian X. (1870 bis 1917), König von Dänemark
Kong-Frederik-VI.s-Küste
Dänemark, Grönland
dän.;
nach Frederik VI. (1768 bis 1839), König von Dänemark
Kong-Frederik-VIII.s-Land
Landschaft;
Dänemark, Grönland
dän.;
nach Frederik VIII. (1843 bis 1912), König von Dänemark
Kong-Frederik-IX.s-Land
Landschaft;
Dänemark, Grönland
dän.;
nach Frederik IX. (1899 bis 1972), König von Dänemark
Kong-Karls-Land
Inseln;
Svalbard (norw.)
norw.;
nach Karl XV. (1826–1872), König von Schweden u. Norwegen
Kong-Oskars-Fjord
Dänemark, Grönland
schwed.;
nach Oskar II. (1829–1907), König von Schweden
Kong-Wilhelms-Land
Landschaft;
Dänemark, Grönland
dt.;
nach Wilhelm I. (1797 bis 1888), König von Preußen u. dt. Kaiser
König-George-V.-Küste
Antarktis
engl.;
nach George V. (1865 bis 1936), brit. König
Königin-Alexandra-Gebirge
Antarktis
engl.;
nach Alexandra (1844 bis 1925), brit. Königin
Königin-Mary-Land
Landschaft;
Antarktis
engl.;
nach Mary (1867–1952), brit. Königin
Königin-Maud-Land
Landschaft;
Antarktis
norw.;
nach Maud (1869–1938), norw. Königin
Kopejsk
Siedlung;
UdSSR
russ.;
Grubenort
Kopenhagen s. København
Kopetdag
Gebirge;
Iran/UdSSR
turkmen.;
Viele Berge
Köping
Siedlung;
Schweden
schwed.;
Marktflecken

Kopparberg
Siedlung;
Schweden
schwed.;
Kupferberg
Kordestan
Provinz;
Iran
pers.;
Land der Kurden
Korea
Staat;
Asien
nach einem Staat Korjo
(11./12. Jh.)
Korfbucht
UdSSR
russ.;
nach A. N. Korf, erster Generalgouverneur des Amurgebietes
Kórinthos
Siedlung;
Griechenland
grch.;
Hügelige Stadt
Korsika
Insel;
Frankreich
vermutlich phön.;
von Korsi = Waldreicher Ort
Korsør
Siedlung;
Dänemark
dän.;
Kreuzinsel
Kosciusko, Mount
Berg;
Australien
poln.;
nach Tadeusz Andrzej
Bonawentura Kósciusko
(1746 bis 1817),
Freiheitskämpfer
Koselsk
Siedlung;
UdSSR
russ.;
von Kosjol = Ziegenbock
Kosovo Polje
Landschaft;
Jugoslawien
serbokr.;
Amselfeld
Kostarika
Staat;
Mittelamerika
span.;
v. Costa Rica = Reiche Küste
Kostelec
Siedlung;
ČSSR
tschech.;
Kleine Kirche, Kirchlein
Kostschagyl
Siedlung;
UdSSR
kasach.;
Zwei sandige Höhen
Koswa
Fluß;
UdSSR
Komi;
Flüchtiger Fluß
Kotabaru
Siedlung;
Indonesien
indones.;
Neue Stadt
Kotelny
Insel;
UdSSR
russ.;
Kesselinsel
Kotschkor-Ata
Siedlung;
UdSSR
kirgis.;
Beschützer der Schafe (myth.)

Kotzebuebucht
USA
russ.;
nach Otto Jewstafjewitsch Kozebu/Kotzebue (1788–1846), Seefahrer

Kounradski
Siedlung;
UdSSR
kasach.;
Ort am Berg Kounrad (= Dunkelgraues Pferd)

Krakau/Kraków
Siedlung;
Polen
poln.;
Nach der Legende soll ein gewisser Herzog Krak den Ort gegründet haben.

Kramatorsk
Siedlung;
UdSSR
ukr.;
Markt am Fluß Torez

Krásná Hora
Siedlung;
ČSSR
tschech.;
Schöner Berg

Krasnoarmejsk
Siedlung;
UdSSR
russ.;
Ort der Roten Armee

Krasnodar
Siedlung;
UdSSR
russ.;
Rote Gabe

Krasnogwardejsk
Siedlung;
UdSSR
russ.;
Ort der Roten Garde

Krasnojarsk
Siedlung;
UdSSR
russ./Turkspr.;
von Krasny Jar, Ort am roten Steinufer

Krasnoje Plamja
Siedlung;
UdSSR
russ.;
Rote Flamme

Krasnoje Snamja
Siedlung;
UdSSR
russ.;
Rote Fahne

Krasnowodsk
Siedlung;
UdSSR
russ.;
Ort des Roten Wassers

Krasny Bogatyr
Siedlung;
UdSSR
russ.;
Roter Held

Krasny Oktjabr
Siedlung;
UdSSR
russ.;
Roter Oktober

Krestowy Perewal
Paß;
UdSSR
russ.;
Kreuzpaß

Krim
Halbinsel;
UdSSR
vermutlich mongol.;
Mauer

Kriós
Kap;
Griechenland
grch.;
Widder, Schafbock
Krishna
Fluß;
Indien
Sanskrit;
Schwarz
Kristiansand
Siedlung;
Norwegen
norw.;
nach Christian IV.
(1577–1648), König von Dänemark u. Norwegen
Kristianstad
Siedlung;
Schweden
dän.;
nach Christian IV.
(1577–1648), König von Dänemark u. Norwegen
Kristinestad
Siedlung;
Finnland
schwed.;
nach Christine
(1626–1689),
Königin von Schweden
Kriwoi Rog
Siedlung;
UdSSR
ukr.;
Krummes Horn
Kropotkin
Siedlung;
UdSSR
russ.;
nach Pjotr Alexejewitsch Kropotkin (1842–1921), Revolutionär
Kruger-Nationalpark
Südafrika
afrikaans;
nach Stephanus Johannes Paul Kruger (1825–1904), südafrik. Politiker
Krung Thep
Siedlung;
Thailand
Thaispr.;
Neue Hauptstadt
Krupskaja
Insel;
UdSSR
russ.;
nach Nadeshda Konstantinowna Krupskaja/Uljanowa (1869–1939), marxistische Pädagogin, Frau Lenins
Krusensternstraße
Meeresstraße;
UdSSR
russ.;
n. Iwan Fedorowitsch Krusenstern (1770–1846), Seefahrer
Krynica
Siedlung;
Polen
slaw.;
Quelle
Krzyż
Siedlung;
Polen
poln.;
Kreuz
Ksyl-Orda
Siedlung;
UdSSR
kasach.;
Rote Stadt
Kuala Lumpur
Siedlung;
Malaysia
mal.;
Schlammündung

Kuba
Staat;
Mittelamerika
vermutlich nach einer indian. Siedlung
Küçük Bahçe
Siedlung;
Türkei
türk.;
Kleiner Garten
Kudymkar
Siedlung;
UdSSR
Komi-permjak.;
Stadt im Kiefernwald
Kugitangtau
Gebirge;
UdSSR
tadshik.;
Berge mit engen Schluchten
Kuibyschew
Siedlung;
UdSSR
russ.;
nach Walerian Wladimirowitsch Kuibyschew (1888 bis 1935), sowj. Staatsmann
Kula
Siedlung;
Bulgarien
bulg.;
Turm
Kulunda
Siedlung;
UdSSR
Turkspr.;
Kulantränke
Kuma
Fluß;
UdSSR
Turkspr.;
Sand
Kum-Dag
Siedlung;
UdSSR
turkmen.;
Sandberg
Kunaschir
Insel;
UdSSR
Ainu;
Schwarzes Land
Kungej-Alatau
Gebirge;
UdSSR
kirgis.;
Sonniges (südseitiges) buntes Gebirge
Kurgan
Siedlung;
UdSSR
Turkspr.;
Festung
Kurgan-Tjube
Siedlung;
UdSSR
Turkspr.;
Festung auf dem Hügel
Kurilen
Inseln;
UdSSR
russ.;
von Kurit = Rauchen
Kurische Nehrung
Halbinsel;
UdSSR
n. alt lett. Stamm d. Kuren
Kurja
Siedlung;
UdSSR
Komi;
Bucht
Kuschka
Siedlung;
UdSSR
Turkspr.;
von Köschk = Wachtturm, kleine Burg

Kuschmurunsee
UdSSR
Turkspr.;
Vogelschnabelsee
Kuschwa
Siedlung;
UdSSR
finnougr.;
Waldwasser
Kusnetsk
Siedlung;
UdSSR
russ.;
Ort der Schmiede
Kutaïssi
Siedlung;
UdSSR
altgeorg.;
von Kuato = Steinig
Kykladen
Inseln;
Griechenland
grch.;
Ringinseln
Kyoto
Siedlung;
Japan
jap.;
Westliche
Hauptstadt
Kyparissía
Siedlung;
Griechenland
grch.;
Zypressenort
Kysyl
Siedlung;
UdSSR
tuwin.;
Rot
Kysyl-Arwat
Siedlung;
UdSSR
turkmen.;
Rote Karawanserai
Kysylkum
Landschaft;
UdSSR
Turkspr.;
Roter Sand
Kysylsu
Fluß;
UdSSR
Turkspr.;
Rotes Wasser
Kysyltau
Gebirge;
UdSSR
Turkspr.;
Rotes Gebirge
Kyushu
Insel;
Japan
jap.;
Neun Gebiete, Provinzen

L

La Blanquilla
Insel;
Venezuela
span.;
Die Weißliche
Labrador
Halbinsel;
Kanada
span.;
vermutl. v. Terra de Labradores
= Land d. Arbeiter, Bauern
La Broa
Bucht;
Kuba
span.;
Die Bucht
Labuan
Insel;
Malaysia

mal.;
Ankerplatz, Hafen

La Carolina
Siedlung;
Spanien
span.;
nach Carlos III. (1716–1788), König von Spanien

La Ceiba
Siedlung;
Honduras
span.;
Name eines tropischen Baumes

Lacepedebucht
Australien
frz.;
nach Bernard-Germain Lacépède (1756–1825), Naturforscher

La Chaux-de-Fonds
Siedlung;
Schweiz
frz.;
vermutlich Feld im Tal

Lachlan
Fluß;
Australien
engl.;
nach Lachlan Macquarie, Gouverneur von Neusüdwales (1810–1821)

Lachute
Siedlung;
Kanada
frz.;
Der Wasserfall

La Ciotat
Siedlung;
Frankreich
prov.;
Die Stadt

La Crosse
Siedlung;
USA
frz.;
nach dem indian. Spiel Lacrosse

La Désirade
Insel;
Guadeloupe (frz.)
frz.;
Die Ersehnte

La Dorada
Siedlung;
Kolumbien
span.;
Die Goldene

Laduschkin
Siedlung;
UdSSR
russ.;
nach I. M. Laduschkin, Held der Sowjetunion

Ladysmith
Siedlung;
Südafrika
engl.;
nach der Frau von Harry Smith, des Gouverneurs der Kapkolonie (1850)

La Esmeralda
Siedlung;
Venezuela
span.;
Der Smaragd

La Estrada
Siedlung;
Spanien
span.;
Die Straße

Lafayette
Siedlung;
USA
frz.;
nach Marie Joseph Motier, Marquis de La Fayette (1757–1834), General u. Politiker

La Fe
Siedlung;
Kuba
span.;
Der Glaube

La Ferté
Siedlung;
Frankreich
lat.;
v. Firmitas = Befestigung, Burg

La Fuente de San Estebán
Siedlung;
Spanien
span.;
Die Quelle des Heiligen Stephan

Lagoa da Prata
Siedlung;
Brasilien
port.;
Silbersee

Lago Blanco
See;
Chile
span.;
Weißer See

Lago Maggiore
See;
Italien/Schweiz
ital.;
Größerer See

La Grand-Combe
Siedlung;
Frankreich
frz.;
Die große Schlucht

La-Grange-Bucht
Australien
frz.;
nach Joseph-Louis La Grange (1736–1813), Mathematiker

La Gran Sabana
Gebirge;
Venezuela
span.;
Die große Savanne

Laguna Brava
See;
Argentinien
span.;
Wilder See

La Habana
Siedlung;
Kuba
vermutlich nach einem Indianerstamm Havana

Lahti
Siedlung;
Finnland
finn.;
Bucht

L'Aigle
Siedlung;
Frankreich
frz.;
Der Adler

Lakeland
Siedlung;
USA
engl.;
Seeland

Lake Placid
Siedlung;
USA
engl.;
Ruhiger See

Lakewood
Siedlung
USA, Ohio
engl.;
Wald am See

Lakkadiven
Inseln;
Indien
Sanskrit;
von Laksha Diva oder Dvipa = 100000 Inseln

Laksefjord
Norwegen
norw.;
Lachsbucht

Lakshadweep
Territorium;
Indien
Sanskrit;
von Laksha Dvipa = 100000 Inseln

La Libertad
Siedlung;
Ekuador
span.;
Die Freiheit

La Línea
Siedlung;
Spanien
span.;
Die Linie, Grenze

La Mancha
Landschaft;
Spanien
arab.;
Trockenes Land

Lanai
Insel;
USA, Hawaii
polyn.;
Buckel, Höcker, Hügel

Lancastersund
Kanada
engl.;
nach James Lancaster (um 1554–1618), Seefahrer

Languedoc
Landschaft;
Frankreich
frz.;
von Langue d'hoc = Sprache mit hoc (Im Gegensatz zum übrigen Frankreich heißt ja hier hoc, nicht oui.)

Lanterna
Kap;
Jugoslawien
ital.;
Laterne

Lanzhou
Siedlung;
China
chin.;
Orchideengebiet

Lan Yu
Insel;
China
chin.;
Orchideeninsel

Laoye Ling
Gebirge;
China
chin.;
Großvatergebirge

La Palma
Insel;
Spanien
span.;
Die Palme

La Paz
Siedlung;
Bolivien
span.;
Der Friede

La-Peróuse-Straße
Meeresstraße;
Japan/UdSSR
frz.;
nach Jean Françoise de Galaup La Pérouse (1741–1788), Seefahrer

La Plata
Siedlung;
Argentinien
span.;
Die Silberne

La Porte
Siedlung;
USA
frz.;
Die Tür
Lappeenranta
Siedlung;
Finnland
finn.;
Lappischer Strand
Laptewsee
Meer;
UdSSR
russ.;
nach Dmitrij Jakowlewitsch Laptew u. Chariton Prokofjewitsch Laptew (gest. 1763), Forscher
La Puntilla
Kap;
Ekuador
span.;
Die Spitze
L'Aquila
Siedlung;
Italien
ital.;
Der Adler
Laramie
Siedlung;
USA
frz.;
nach Jacques Laramie, Trapper
Larnaka, Lárnax
Siedlung;
Zypern
grch.;
Graburne
La Roche
Siedlung;
Frankreich
frz.;
Der Fels
Larsen-Schelfeis
Antarktis
norw.;
nach Karl Anton Larsen (1860–1924), Seefahrer
La Salle
Siedlung;
USA
frz.;
nach Robert Cavelier de La Salle (1643–1687), Forscher
Lasarew
Siedlung;
UdSSR
russ.;
nach Michail Petrowitsch Lasarew (1788–1851), Seefahrer
Las Cruces
Siedlung;
USA
span.;
Die Kreuze
Las Flores
Siedlung;
Argentinien
span.;
Die Blumen
Laso
Siedlung;
UdSSR
russ.;
nach Sergej Georgiewitsch Laso (1894–1920), sowj. Volksheld
Las Piedras
Siedlung;
Uruguay
span.;
Die Steine
Las Plumas
Siedlung;
Argentinien
span.;
Die Federn

Las Rosas
Siedlung;
Argentinien
span.;
Die Rosen

Las Tunas
Siedlung;
Kuba
span.;
Die Opuntien, Feigenkakteen

Las Vegas
Siedlung;
USA
span.;
Die fruchtbaren Ebenen

Latium
Landschaft;
Italien
lat.;
von Latus = Ebene

La Tortuga
Insel;
Venezuela
span.;
Die Schildkröte

La Tour-du-Pin
Siedlung;
Frankreich
frz.;
Der Fichtenturm

Laurel
Siedlung;
USA
engl.;
Lorbeer

Laut Kecil
Inseln;
Indonesien
indones.;
Kleines Meer

La Victoria
Siedlung;
Venezuela
span.;
Der Sieg

Lawrence
Siedlung;
USA, Kansas
engl.;
nach Amos A. Lawrence (1814–1886), Kaufmann

Leadville
Siedlung;
USA
engl.;
Bleistadt

Leavenworth
Siedlung;
USA
engl.;
nach Henry H. Leavenworth, Offizier

Lebedjan
Siedlung;
UdSSR
russ.;
von Lebed = Schwan

Lebjashje
Siedlung;
UdSSR
russ.;
Schwanenort

Ledjanaja
Berg;
UdSSR
russ.;
Eisig

Leewardinseln
Mittelamerika
engl.;
Leeseitige Inseln

Legazpi
Siedlung;
Philippinen
span.;
nach Miguel López de Legazpi (um 1510–1572), Forscher

Le Havre
Siedlung;
Frankreich
frz.;
Der Seehafen
Leichhardt
Fluß;
Australien
dt.;
nach Ludwig Leichhardt (1813–1848), Forscher
Leizhou
Halbinsel;
China
chin.;
Donnergebiet
Lelystad
Siedlung;
Niederlande
ndl.;
nach Cornelius Lely (1854–1929), Wasserbauingenieur
Le-Maire-Straße
Meeresstraße
Argentinien
ndl.;
nach Jakob Le Maire (1585–1616), Seefahrer
Lemnos
Insel;
Griechenland
phön.;
Die Weiße
Lengua de Vaca
Kap;
Chile
span.;
Rinderzunge
Leningrad
Siedlung;
UdSSR
russ.;
nach Wladimir Iljitsch Lenin/Uljanow (1870–1924), Klassiker des Marxismus-Leninismus
Lenkoran
Siedlung;
UdSSR
aserbaidshan.;
von Ljangar = Hafen
León
Siedlung;
Spanien
lat.;
von Legio = Legion
Le Puy
Siedlung;
Frankreich
frz.;
Der Berg
Lesnoi
Siedlung;
UdSSR
russ.;
Waldort
Lesotho
Staat;
Afrika
Sesotho;
Land der Basutos/Basothos
Lesselidse
Siedlung;
UdSSR
georg.;
nach Konstantin Nikolajewitsch Lesselidse (1903–1944), Held der Sowjetunion
Lessogorsk
Siedlung;
UdSSR
russ.;
Waldbergstadt
Lethbridge
Siedlung;
Kanada
engl.;

nach William Lethbridge,
Industrieller

Leuká Órē
Gebirge;
Griechenland
grch.;
Weiße Berge

Leukás
Insel;
Griechenland
grch.;
Die Weiße

Levkosía
Siedlung;
Zypern
grch.;
von Levkos = Weiß

Levski
Siedlung;
Bulgarien
bulg.;
nach Vasil Levski (1837 bis 1873), Führer der nationalrev. Bewegung

Lewiston
Siedlung;
USA, Idaho
engl.;
nach Meriwether Lewis (1774–1809), Forscher

Lewiston
Siedlung;
USA, Pennsylvania
engl.;
nach William Louis Lewis, Hüttenbesitzer

Lewokumskoje
Siedlung;
UdSSR
russ.;
Ort am linken Ufer der Kuma

Lew Tolstoi
Siedlung;
UdSSR
russ.;
nach Lew Nikolajewtisch Tolstoi (1828–1910), Schriftsteller

Lgow
Siedlung;
UdSSR
russ.;
nach einem Fürsten Oleg

Lhasa
Siedlung;
China
tibet.;
Land der Götter

Lianhua-Gebirge
China
chin.;
Lotosblumengebirge

Liaodong
Halbinsel;
China
chin.;
Östlich des Liao

Liard
Fluß;
Kanada
engl.;
Name einer Balsampappel

Libanon
Staat;
Asien
hebr.;
Weiße Berge

Liberia
Staat;
Afrika
lat.;
von Liber = Frei (Gründung von freigelassenen US-am. Negersklaven)

Libertad
Siedlung;
Uruguay
span.;
Freiheit

Liberty
Siedlung;
USA
engl.;
Freiheit
Libourne
Siedlung;
Frankreich
engl.;
nach Roger de Leyburn, Seneschall der Gascogne (13. Jh.)
Libreville
Siedlung;
Gabun
frz.;
Freie Stadt
Licking
Fluß;
USA
engl.;
Lecken, der Fluß an dem das Wild Salz leckt
Liddongolf
Kanada
engl.;
n. Matthew Liddon, Seefahrer
Lielupe
Fluß;
UdSSR
lett.;
Großer Fluß
Liepāja
Siedlung;
UdSSR
lett.;
von Liepa = Linde
Lille
Siedlung;
Frankreich
frz.;
von L'Isle = Die Insel
Lillehammer
Siedlung;
Norwegen
norw.;
Kleiner Hammer
Lima
Siedlung;
Peru
indian.;
von Rimac = Der, welcher spricht
Limfjord
Dänemark
altgerm.;
Verzweigte Bucht
Limugebirge
China
chin.;
Gebirge der Frau des Li-Volkes
Lincoln
Siedlung;
Großbritannien
kelt./lat.;
vermutlich Wassersiedlung
Lincoln
Siedlung;
USA
engl.;
nach Abraham Lincoln (1809–1865), US-am. Präsident
Lindesnes
Kap;
Norwegen
altgerm.;
Steil abfallendes Kap
Lion, Golfe du
Meeresteil;
Mittelmeer
frz.;
Löwenbucht
Lipari
Insel;
Italien
grch.;
Fruchtbar

Lipezk
Siedlung;
UdSSR
russ.;
Lindenort
Lisianski
Insel;
USA, Hawaii
russ.;
nach Juri Fjodorowitsch Lissjanski (1773–1837), Seefahrer
Lissabon
Siedlung;
Portugal
vielleicht phön.;
von Alis-Ubbo, über lat. Felicitas Julia u. arab. Al-Uschbuna/Lischbuna
Lissjanski
Halbinsel;
UdSSR
russ.;
nach Juri Fjodorowitsch Lissjanski (1773–1837), Seefahrer
Lithgow
Siedlung;
Australien
engl.;
nach William Lithgow
Litkestraße
Meeresstraße;
UdSSR
russ.;
nach Fjodor Petrowitsch Lütke/Litke (1797–1882), Seefahrer u. Geograph
Little Rock
Siedlung;
USA
engl.;
Kleiner Felsen
Liu He
Fluß;
China
chin.;
Weidenfluß
Liuhu
Siedlung;
China
chin.;
Sechs Familien
Liu Jiang
Fluß;
China
chin.;
Weidenstrom
Liverpool
Siedlung;
Großbritannien
kelt.;
Ort am Sumpf
Livingstone
Siedlung;
Sambia
engl.;
nach David Livingstone (1813–1873), Forscher
Lizard
Kap;
Großbritannien
engl.;
Eidechse
Ljachowinseln
UdSSR
russ.;
nach Iwan Ljachow (gest. um 1800), Kaufmann u. Forscher
Ljangar
Siedlung;
UdSSR
tadshik.;
Wohnort o. heiliger Ort
Llanfairpwllgwyngyllgogerychwyrndrobwllllantysiliogogogoch
Siedlung;
Großbritannien

walis.;
Die Kirche der Heiligen Maria am kleinen See mit den weißen Haselnußbäumen in der Nähe des reißenden Wasserstrudels an der roten Höhle bei der Kirche des Heiligen Tysilio

Llano Estacado
Landschaft;
USA
span.;
Abgesteckte Ebene (mit Wegmarkierungen)

Lobos, Islas de los
Inseln;
Peru
span.;
Wolfsinseln

Lockport
Siedlung;
USA
engl.;
Schleusenhafen

Lodejnoje Pole
Siedlung;
UdSSR
russ.;
Feld der Eintracht

Łódź
Siedlung;
Polen
poln.;
Boot

Logan
Siedlung;
USA
engl.;
nach Ephraim Logan, Trapper

Logan, Mount
Berg;
Kanada
engl.;
nach William Logan (1798–1875), Geologe

Logansport
Siedlung;
USA
engl.;
Logans Hafen, nach John oder James Logan/ Tah-Gah-Jute (um 1725–1780), Häuptling der Shawnee-Indianer

Lokot
Kap;
UdSSR
russ.;
Ellenbogen

Lombardei
Landschaft;
Italien
ital.;
Land der Langobarden

Lomonossow
Siedlung;
UdSSR
russ.;
nach Michaïl Wassiljewitsch Lomonossow (1711–1765), Gelehrter u. Dichter

London
Siedlung;
Großbritannien
kelt.;
vermutlich von Llyndin = Sumpfort

Long Island
Insel;
USA
engl.;
Lange Insel

Longkou
Siedlung;
China
chin.;
Drachenmaul

Longreach
Siedlung;

Australien
engl.;
Lange Stromstrecke
Longshou-Gebirge
China
chin.;
Drachenkopfgebirge
Longyearbyen
Siedlung;
Svalbard (norw.)
engl. u. norw.;
Die Stadt Longyears, nach dem Gründer, einem US-am. Bergmann
Lookout
Kap;
USA
engl.;
Ausguck
Lopatka
Kap;
UdSSR
russ.;
Schulterblatt o. Schaufel
Lopnor
See;
China
tibet.;
Sumpfsee
Lord-Howe-Insel
Australien
engl.;
nach Richard Howe, brit. Admiral
Lorestan
Provinz;
Iran
pers.;
Land der Luren, eines iran. Volksstammes
Lorient
Siedlung;
Frankreich
frz.;
v. L'Orient = Der Osten, Orient
Lorraine, Lothringen
Landschaft;
Frankreich
lat.;
von Lotharii Regnum = Reich Lothars, nach Lothar II. fränk. König (855–869)
Los Alamos
Siedlung;
USA
span.;
Die Pappeln
Los Angeles
Siedlung;
USA
span.;
Die Engel
Los-Glaciares-Nationalpark
Argentinien
span.;
Gletscher-nationalpark
Los Hermanos
Inseln;
Venezuela
span.;
Die Brüder
Los Hijos
Berg;
Peru
span.;
Die Söhne
Los Monjes
Inseln;
Venezuela
span.;
Die Mönche
Los Testigos
Inseln;
Venezuela
span.;
Die Zeugen

Loswa
Fluß;
UdSSR
Komi;
Blaues Wasser
Lothringen s. Lorraine
Louisiade-Archipel
Papua-Neuguinea
frz.;
nach Louis XV. (1710–1774), König von Frankreich
Louisiana
Gliedstaat;
USA
frz.;
nach Louis XIV. (1638–1715), König von Frankreich
Louisville
Siedlung;
USA
frz.;
nach Louis XVI. (1754–1793), König von Frankreich
Lowell
Siedlung;
USA, Massachusetts
engl.;
nach Francis Cabot Lowell (1775–1817), Textilfabrikant
Lowezki Ostrow
Insel;
UdSSR
russ.;
Fischerinsel
Loyauté-Inseln
Neukaledonien (frz.)
frz.;
Inseln der Treue, Redlichkeit
Lubbock
Siedlung;
USA
engl.;
nach Tom S. Lubbock
Lüda
Verwaltungseinheit (Shi)
China
chin.;
aus den zwei ersten Buchstaben der Hauptstadtteile Lüshun u. Dalian zusammengesetzt
Lüderitz
Siedlung;
Namibia*
dt.;
nach Franz Adolf Lüderitz (1834–1886), Kaufmann
Ludhiana
Siedlung;
Indien
Hindi;
nach der Lodi-Dynastie, Sultane von Delhi, den Gründern (1480)
Lugo
Siedlung;
Spanien
lat.;
von Lucus Augusti = Hain des Augustus
Luján
Siedlung;
Argentinien
span.;
nach Pedro Luján (gest. 1536), Konquistador
Lumut
Kap;
Indonesien
indones.;
Tang, Wassermoos
Lunca de Jos
Siedlung;
Rumänien
rumän.;
Untere Wiese
Luni
Fluß;

Indien
Sanskrit;
von Lavanavari = Salzfluß

Luoyang
Siedlung;
China
chin.;
Nördlich des Luo

Lutugino
Siedlung;
UdSSR
russ.;
nach Leonid Iwanowitsch Lutugin (1864–1915), Geologe

Luzon
Insel;
Philippinen
vermutlich mal.;
von Lusong = Trog zum Stampfen

Lwow/Lwiw
Siedlung;
UdSSR
ukr.;
nach Lew, dem Sohn des Fürsten Danilo Romanowitsch von Halitsch

Lynchburg
Siedlung;
USA
engl.;
nach John Lynch, Fährmann

Lyon
Siedlung;
Frankreich
kelt.;
als röm. Kolonie Lugdunum, vermutlich von Lugus = klein

Lysá Hora
Berg;
ČSSR
tschech.;
Kahler Berg

Lyswa
Fluß;
UdSSR
Komi;
Nadelholzwasser, Nadelwasser

Lyttelton
Siedlung;
Neuseeland
engl.;
nach George Lyttelton, Vorsitzender der Gründergesellschaft

M

Maanselkä
Höhenzug;
Finnland
finn.;
Landhöhe

Ma'anshan
Siedlung;
China
chin.;
Pferdesattelberg

Maaskar
Siedlung;
Algerien
arab.;
Mutter der Soldaten

Maastricht
Siedlung;
Niederlande
lat.;
wahrscheinlich von Trajectum ad Mosam = Maasübergang

Macao s. Aomen

MacDonnell-Gebirge
Australien
engl.;
nach Richard MacDonnell, Gouverneur von Südaustralien (1855–1862)

Machatschkala
Siedlung;
UdSSR
arab./Turkspr.;
Burg des Machatsch, nach Magomed-Ali/Machatsch Dachadajew (1882–1918), Volksheld Dagestans

Mackenzie
Fluß;
Kanada
engl.;
nach Alexander Mackenzie (1755–1820), Forscher

Mackinacstraße
Meeresstraße;
USA
indian.;
von Michilmackinac = Grüne Schildkröte

Macon
Siedlung;
USA
engl.;
nach Nathaniel Macon (1758–1837), US-am. Politiker

Macquarie
Insel;
(austral.)
engl.;
nach Lachlan Macquarie (1761–1824), Gouverneur von Australien

Madagaskar
Staat;
Afrika
von Marco Polo als Magastor o. Madeigascar bezeichnet; einheim. Nosy Dambo = Wildschweininsel

Madeira
Insel;
Portugal
port.;
Holz

Madhya Pradesh
Gliedstaat;
Indien
Hindi;
Zentralprovinz

Madison
Siedlung;
USA
engl.;
nach James Madison (1751 bis 1836), US-am. Präsident

Madras
Siedlung;
Indien
Sanskrit;
vermutlich von Mandaraj = Reich des Manda (eines Gottes)

Madre de Dios
Insel;
Chile
span.;
Mutter Gottes

Madre, Sierra
Gebirge;
Mexico
span.;
Mutter-(Gottes-)Gebirge

Madrid
Siedlung;
Spanien
arab. o. lat.;
vermutlich von Madjrit = Wiese, Weide o. v. Materita = Gehölz

Maestra, Sierra
Gebirge;
Kuba
span.;
Hauptgebirge

Magadan
Siedlung;
UdSSR

ewenk.;
von Mongodan = Meeresschwemmland

Magalhãesstraße
Meeresstraße;
Argentinien/Chile
port.;
nach Fernão Magalhães (um 1480–1521), Seefahrer

Magallanes
Provinz;
Chile
port./span.;
nach Fernando/Fernão Magallan/Magalhães (um 1480–1521), port. Seefahrer

Magenta
Siedlung;
Italien
lat.;
nach Marcus Maxentius, röm. Kaiser (306–312)

Magnitogorsk
Siedlung;
UdSSR
russ.;
von Magnitnaja Gora, Ort am Magneteisenberg

Mahalla al-Kubra
Siedlung;
Ägypten
arab.;
Großes Lager

Mahanadi
Fluß;
Indien
Sanskrit;
Großer Fluß

Maharashtra
Gliedstaat;
Indien
Hindi;
Großes Reich

Mahaveli Ganga
Fluß;
Sri Lanka
singhal.;
Großer Sandfluß

Mahón
Siedlung;
Spanien
lat.;
von Portus Magonis = Hafen des Mago, nach dem karthag. Feldherrn Mago

Maikop
Siedlung;
UdSSR
tscherkess.;
von Myjekuape = Apfeltal

Mailand s. Milano

Maili-Sai
Siedlung;
UdSSR
kirgis.;
Öliger Fluß

Mainland
Insel;
Großbritannien
engl.;
Hauptland, Festland

Maízinseln
Nikaragua
span.;
Mais

Makarowbecken
Meeresbecken;
Arktischer Ozean
russ.;
nach Stepan Ossipowitsch Makarow (1848–1904), Ozeanograph

Malabarküste
Indien
Sanskrit;
von Malayavara = Bergland

Maladetta
Berg;
Spanien
span.;
Verflucht
Málaga
Siedlung;
Spanien
phön.;
Salzort
Malakka
Halbinsel;
Malaysia
Sanskrit;
von Malacca (Phyllantus Emblica), einem Wolfsmilchgewächs
Malawi
Staat;
Afrika
Bantu;
nach dem Malawivolk
Malden
Insel;
Kiribati
engl.;
nach Malden,
einem Seefahrer
Malediven
Staat;
Asien
Sanskrit;
von Malayadwipa = Tausend Inseln
Malheur
Fluß;
USA
frz.;
Unglück
Mali
Staat;
Afrika
vermutlich Wo der König wohnt; nach dem Großreich der Malinke (1050–15. Jh.)
Malinowoje Osero
Siedlung;
UdSSR
russ.;
Himbeersee
Mallorca
Insel;
Spanien
lat.;
Größere Insel
Malmberget
Siedlung;
Schweden
schwed.;
Der Erzberg
Malojaroslawez
Siedlung;
UdSSR
russ.;
Klein-Jaroslawl, nach Jaroslaw, einem Sohn von Fürst Wladimir Andrejewitsch Serpuchowski (14. Jh.)
Małopolska
Landschaft;
Polen
poln.;
Kleinpolen
Malosemelskaja Tundra
Landschaft;
UdSSR
russ.;
Tundra des kleinen Landes
Malta
Staat;
Europa
phön.;
nach der Göttin Melita
(= Zuflucht)
Malwinen
Inseln;
(brit., von Argentinien beansprucht)

frz.;
nach der Stadt St.-Malo

Malyginstraße
Meeresstraße;
UdSSR
russ.;
nach Stepan Gawrilowitsch
Malygin (gest. 1764), Forscher

Mama
Fluß;
UdSSR
ewenk.;
Hölzern

Mamissonpaß
UdSSR
osset.;
Sich nicht erinnern

Mamonowo
Siedlung;
UdSSR
russ.;
nach N. W. Mamonow,
Held der Sowjetunion

Man
Insel;
Großbritannien
kelt.;
Stein, Fels

Managua
Siedlung;
Nikaragua
indian.;
nach einem Fischerdorf
Manahuec

Manapourisee
Neuseeland
Maori;
See des bekümmerten Herzens

Manastır
Siedlung;
Türkei
türk.;
Kloster

Manatí
Siedlung;
Kuba
span.;
Seekuh

Manaus
Siedlung;
Brasilien
indian.;
nach einem Indianerstamm

Manche
Département;
Frankreich
frz.;
nach La Manche
= Der Ärmel (nach dem
französischen Namen des
Kanals)

Manchester
Siedlung;
Großbritannien
kelt./lat.;
Felsburg, Felslager

Mandalgowj
Siedlung;
Mongolei
mongol.;
Blühende Wüste

Manfredonia
Siedlung;
Italien
ital.;
nach Manfredo
(1231–1266),
König von Sizilien

Mangalore
Siedlung;
Indien
Hindi;
Stadt der Glückseligkeit

Manglares
Kap;
Kolumbien
span.;
Mangroven

Mangyschlak
Halbinsel;
UdSSR
Turkspr.;
Winterlager (der Schafe)

Manila
Siedlung;
Philippinen
Tagolag;
nach dem Ort Mairo-Nila oder Mainilia = Wo Gebüsch wächst (von den Tagalen bei Ankunft der Spanier im 16. Jh. so genannt)

Manitoulin
Insel;
Kanada
indian.;
von Manitu (Großer Geist)

Mansfield
Siedlung;
USA, Ohio
engl.;
nach Jared Mansfield, Geodät

Manytsch
Fluß;
UdSSR
tat.;
Bitter

Manzanillo
Siedlung;
Kuba
span.;
nach dem Manzanillabaum (Hippomane Mancinella)

Manzil Burgiba
Siedlung;
Tunesien
arab.;
nach Habib Bourguiba/Burgiba (geb. 1903), tun. Staatsmann

Maple Creek
Siedlung;
Kanada
engl.;
Ahornbach

Marañon
Fluß;
Peru
span.;
von Maraña = Dickicht, Wald

Marathṓn
Siedlung;
Griechenland
grch.;
Fenchelfeld

Mar Chiquita
See;
Argentinien
span.;
Kleines Meer

Marcy, Mount
Berg;
USA
engl.;
nach William Learned Marcy (1786–1857), US-am. Politiker

Mar del Plata
Siedlung;
Argentinien
span.;
Silbermeer

Marganez
Siedlung;
UdSSR
ukr.;
Mangan

Margarita
Insel;
Venezuela
lat.;
Perle

Mari, ASSR der
UdSSR
Mari;
von Mari = Mann

Marianen
Inseln;
Pazifische Inseln/Mikronesien (von USA verw.)
span.;
nach Maria von Österreich, Frau von Felipe/Philipp IV. (1605–1665), König von Spanien

Mariánské Lázně
Siedlung;
ČSSR
tschech.;
Bad der Heiligen Maria, 1808 benannt

Maria-Prontschischtschewa-Bucht
UdSSR
russ.;
nach der Frau von Wasilij Wassiljewitsch Prontschischtschew (1702–1736), Seefahrer

Marie-Byrd-Land
Landschaft;
Antarktis
engl.;
nach der Frau von Richard E. Byrd (1888–1957), US-am. Polarforscher

Marie Galante
Insel;
Guadeloupe (frz.)
span.;
nach der Maria Galanta, einem Schiff von Christoph Kolumbus (1451–1506)

Mariehamn
Siedlung;
Finnland
schwed./russ.;
Hafen der Maria Alexandrowna (1824–1880), russ. Zarin

Marion
Insel;
(südafrik.)
frz.;
nach Marion du Fresne, dem Entdecker (1772)

Marion
Siedlung;
USA, Indiana
engl.;
nach Francis Marion (1732–1795), US-am. General

Markakol
See;
UdSSR
kasach.;
Alandsee (nach einem Karpfenfisch)

Marmara
Insel;
Türkei
grch.;
Marmor

Mar Menor
Bucht;
Spanien
lat.;
Kleines Meer

Marokko
Staat;
Afrika
arab.;
von der Stadt Marrakusch

Marquesasinseln
Frz.-Polynesien
span.;
nach Marqués de Mendoza, Vizekönig von Peru (16. Jh.)

Marquette
Siedlung;
USA
frz.;
nach Jacques Marquette (1635–1675), Forscher

Marrakusch
Siedlung;
Marokko
arab.;
Die Geschmückte

Marsala
Siedlung;
Italien
arab.;
von Marsa al-Allah oder al Ali = Hafen Gottes oder Alis

Marseille
Siedlung;
Frankreich
vermutlich phön.;
Hafen Gottes

Marshall
Siedlung;
USA, Texas
engl.;
nach John Marshall (1755–1835), US-am. Politiker

Marshallinseln
Pazifische Inseln/Mikronesien (von USA verw.)
engl.;
nach John Marshall, Seefahrer

Martinique
Überseedépartement;
(frz.)
von einheim. Madinina o. nach dem Heiligen Martin (an dessen Tag von Christoph Kolumbus entdeckt)

Maryland
Gliedstaat;
USA
engl.;
nach Mary, der Frau von Charles I. (1600–1649), brit. König

Más-a-Fuera
Insel;
Chile
span.;
Mehr nach außen

Más-a-Tierra
Insel;
Chile
span.;
Mehr zum Land

Mashhad
Siedlung;
Iran
pers.;
Grabmal eines Heiligen

Maskarenen
Inseln;
Mauritius/Réunion (frz.)
port.;
nach Pedro Mascarenhas, dem Entdecker (Anfang 16. Jh.)

Maslen nos
Kap;
Bulgarien
bulg.;
Ölkap

Massachusetts
Gliedstaat;
USA
indian.;
Leute vom hohen Hügel

Massilon
Siedlung;
USA
frz.;
nach Jean-Baptiste Massilon (1663–1742), Prediger

Matanzas
Siedlung;
Kuba
span.;
Gemetzel, Töten

Mato Grosso
Gliedstaat;
Brasilien
port.;
Umfangreicher, dichter Wald

Matsuyama
Siedlung;
Japan
jap.;
Kiefernberg

Mauna Kea
Berg;
USA, Hawaii
polyn.;
Weißer Berg

Mauna Loa
Berg;
USA, Hawaii
polyn.;
Langer Berg

Mauretanien
Staat;
Afrika
grch.;
Land der Mauren,
von Mauros = schwarz

Mauritius
Staat;
Afrika
ndl.;
nach Maurits/Moritz, Prinz von Oranien (1567–1625)

Mawson
Polarstation;
Antarktis
engl.;
nach Douglas Mawson (1882–1958), austral. Polarforscher

May
Kap;
USA
ndl.;
nach Cornelius Jacobus May, Seefahrer

Mazandaran
Provinz;
Iran
pers.;
Garten Irans

Mazar-i Sharif
Siedlung;
Afghanistan
pers.;
Grab des Heiligen

Mazatlán
Siedlung;
Mexiko
aztek.;
Ort der Hirsche

McAllen
Siedlung;
USA
engl.;
nach John McAllen,
Siedler

McClintock-Kanal
Meeresstraße;
Kanada
engl.;
nach Francis Leopold McClintock (1819–1907), Nordpolforscher

McClurestraße
Meeresstraße;
Kanada
engl.;
nach Robert McClure (1807–1873), ir. Seefahrer

McDonald
Insel;
(austral.)
engl.;
nach dem Seefahrer McDonald, dem Entdecker (1854)

McKeesport
Siedlung;
USA
engl.;
Hafen des David McKee, des ersten Siedlers (1755)

McKinley, Mount
Berg;
USA, Alaska
engl.;
n. William McKinley (1843 bis 1901), US-am. Präsident

McPherson-Gebirge
Australien
engl.;
n. Duncan McPherson, Offizier

Meadsee
Stausee
USA
engl.;
nach Elwood Mead, US-am. Politiker

Medan
Siedlung;
Indonesien
indones.;
Ebene

Medicine Hat
Siedlung;
Kanada
engl.;
Hut des Medizinmannes

Medina
Siedlung;
Saudi-Arabien
arab.;
Stadt

Mednogorsk
Siedlung;
UdSSR
russ.;
Ort am Kupferberg

Medweshjegorsk
Siedlung;
UdSSR
russ.;
Ort am Bärenberg

Megalópolis
Siedlung;
Griechenland
grch.;
Großstadt

Meghalaya
Gliedstaat;
Indien
Hindi;
Wohnort der Wolken

Meighen
Insel;
Kanada
engl.;
nach Arthur Meighen (1874–1960), kan. Politiker

Mekong
Fluß;
Asien
tibet.;
Mutter der Gewässer

Melanesien
Inseln;
Ozeanien
grch.;
Gebiet d. Inseln d. Schwarzen

Melbourne
Siedlung;
Australien
engl.;
nach William Lamb Melbourne (1779–1848), brit. Premierminister

Melville
Insel;
Australien bzw. Kanada
engl.;
nach Robert Saunders Dundas Viscont Melville (1771–1851), Politiker

Mendelejewsk
Siedlung;
UdSSR
russ.;
nach Dmitrij Iwanowitsch Mendelejew (1834–1907), Chemiker

Mendoza
Siedlung;
Argentinien
span.;
nach Garcia Hutardo de Mendoza, Gouverneur von Chile (16. Jh.)

Menindeesee
Australien
austral.;
Eidottersee

Menorca
Insel;
Spanien
lat.;
Kleinere Insel

Mérida
Siedlung;
Spanien
lat.;
als Augusta Emerita von Augustus (63 v. u. Z.–14 u. Z.), röm. Kaiser, für „ausgediente" Soldaten gegründet

Mermaidriff
Australien
engl.;
nach der Mermaid (= Nixe), dem Schiff des Seefahrers King

Merseyside
Grafschaft;
Großbritannien
engl.;
Ufer des Mersey

Merthyr Tydfil
Siedlung;
Großbritannien
kelt.;
Märtyrerin Tydfil

Mesa
Siedlung;
USA
span.;
Tafel, Tisch

Meshduretschensk
Siedlung;
UdSSR
russ.;
Ort zwischen Flüssen

Mesopotamien
Landschaft;
Irak
grch.;
Zwischenstromland

Meta Incognita
Halbinsel;
Kanada
lat.;
Unbekanntes Ziel

Metz
Siedlung;
Frankreich
lat.;
von Mediomatricum = Ort der Matrici, einem kelt. Stamm

Mexicali
Siedlung;
Mexiko
span.;
aus den zwei ersten Silben von México u. California zusammengesetzt

Mexiko
Staat;
Nordamerika
aztek.;
nach dem Kriegsgott Mexitla

Mezőföld
Landschaft;
Ungarn
ung.;
Erdfeld

Miami
Siedlung;
USA, Florida
indian.;
v. Mayaimi = Großes Wasser

Miami
Siedlung;
USA, Oklahoma
indian.;
nach dem Indianerstamm der Miami

Michigansee
USA
indian.;
Großes Wasser

Midi, Canal du
Kanal;
Frankreich
frz.;
Mittagskanal, Südkanal

Mihajlovgrad
Siedlung;
Bulgarien
bulg.;
nach Hristo Mihajlov (1893–1944), Arbeiterführer

Mikronesien
Inseln;
Ozeanien
grch.;
Gebiet der kleinen Inseln

Milano
Siedlung;
Italien
lat.;
von Mediolanum = Mitten in der Ebene

Milh, Wadi al-
Wadi;
Sudan
arab.;
Salzwadi

Milk
Fluß;
USA/Kanada
engl.;
Milch

Minami Tori Shima
Insel;
Japan
jap.;
Südliche Vogelinsel

Minas de Riotinto
Siedlung;
Spanien
span.;
Bergwerke am gefärbten Fluß

Minas Gerais
Gliedstaat;
Brasilien
port.;
Allgemeine Bergwerke, Hauptbergwerke

Mineralnyje Wody
Siedlung;
UdSSR
russ.;
Mineralwässer

Minh Hai
Provinz;
Vietnam
vietnames.;
Klares, helles Meer

Min-Kusch
Siedlung;
UdSSR
kirgis.;
Tausend Vögel

Minneapolis
Siedlung;
USA
indian./grch.;
Wasserstadt, von Minne = Wasser u. Polis = Stadt

Minnesota
Fluß;
USA
indian.;
Himmelblaues Wasser

Minsk
Siedlung;
UdSSR

slaw.;
vielleicht nach einem Fluß Menka o. von Mena = Tausch; Ort, wo getauscht wurde

Miranda
Siedlung;
Spanien
span.;
Bewundernswerter Ort

Mira Por Vos Cays
Inseln;
Bahamas
span.;
Seht-Euch-vor-Inseln

Mirny
Siedlung;
UdSSR
russ.;
Friedlich

Misiones
Provinz;
Argentinien
span.;
Missionen

Mississippi
Fluß;
USA
indian.;
v. Misi Sipi = Großes Wasser

Missoula
Siedlung;
USA
indian.;
Am sehr kalten Wasser

Missouri
Fluß;
USA
indian.;
Schlammfluß

Mistassinisee
Kanada
indian.;
Großer-Stein-See

Mitchell
Fluß;
Australien
engl.;
nach Thomas Mitchell, Chefvermesser von Neusüdwales

Mitchell, Mount
Berg;
USA
engl.;
nach Elisha Mitchell (gest. 1857), Geodät

Mitschurinsk
Siedlung;
UdSSR
russ.;
nach Iwan Wladimirowitsch Mitschurin (1855–1935), Biologe

Miyazaki
Siedlung;
Japan
jap.;
Shinto-Schrein-Kap

Miyun
Siedlung;
China
chin.;
Dichte Wolke

Mizen Head
Kap;
Irland
engl.;
Besankopf, Besanspitze

Mjagostrow
Insel;
UdSSR
karel./russ.;
Bergige Insel

Mjortwy Kultuk
Landschaft;
UdSSR
russ./Turkspr.;
Tote Bucht

Mobile
Siedlung;
USA
indian.;
nach dem Indianerstamm Maubilian (= Kanupaddler)
Mobuto-Sese-Seko-See
Uganda/Zaïre
Bantu;
nach Mobuto Sese Seko/ Joseph Mobuto (geb. 1930), Präsident von Zaïre
Moçambique
Siedlung;
Moçambique
arab.;
nach Mussa Ben Mbiki, Sultan, der hier Vasco da Gama, port. Seefahrer, empfangen haben soll
Modesto
Siedlung;
USA
span.;
Ehrbar, sittsam
Mogiljow
Siedlung;
UdSSR
russ.;
von Mogila = Grab
Mogiljow-Podolski
Siedlung;
UdSSR
moldau.;
nach Mihail Mogila, moldau. Herrscher in Podolien (16. Jh.)
Mogollongebirge
USA
span.;
n. Juan Mogollón, Gouverneur v. Neumexiko (1712–1715)
Mõisaküla
Siedlung;
UdSSR
estn.;
Gutsdorf
Molodjoshnaja
Polarstation;
Antarktis
russ.;
Jugendstation
Molodogwardejsk
Siedlung;
UdSSR
ukr.;
Ort der Jungen Garde
Molotschnaja
Fluß;
UdSSR
ukr.;
Milchern, milchig
Monaco
Staat;
Europa
vermutlich grch.;
von Mónoikos = Einsiedelei
Monasheegebirge
Kanada
gäl.;
Friedensgebirge
Mongolei
Staat;
Asien
mongol.;
Land der Mongolen (= Tapfere, Unbesiegbare)
Monroe
Siedlung;
USA
engl.;
nach James Monroe (1758 bis 1831), US-am. Präsident
Monrovia
Siedlung;
Liberia
engl.;
nach James Monroe (1758 bis 1831), US-am. Präsident

Mons
Siedlung;
Belgien
lat.;
Berg
Montana
Gliedstaat;
USA
span.;
Bergland
Mont Blanc
Berg;
Frankreich/Italien
frz.;
Weißer Berg
Montenegro
Sozialistische Republik;
Jugoslawien
ital.;
Schwarzer Berg
Montería
Siedlung;
Kolumbien
span.;
Jagd
Monte Rosa
Gebirge;
Italien/Schweiz
ital. (Aosta-Dialekt)
von Roësa = Gletscher;
Gletscherberg
Montes Claros
Siedlung;
Brasilien
port.;
Helle Berge
Montevideo
Siedlung;
Uruguay
span.;
Schauberg
Montgomery
Siedlung;
USA
engl.;
nach Richard Montgomery
(1738–1775),
US-am. General
Montréal
Siedlung;
Kanada
frz.;
Königlicher Berg
Montschegorsk
Siedlung;
UdSSR
lapp./russ.;
Ort am schönen Berg
Montserrat
Insel;
(brit.)
span.;
von Monte Serrato
= Zersägter Berg,
nach dem span. Kloster
Montserrat
Moody
Kap;
Antarktis
engl.;
nach Moody, Gouverneur
der Falklandinseln,
1842 benannt
Moose Jaw
Siedlung;
Kanada
engl.;
Elchkiefer
Morbihan
Département;
Frankreich
breton.;
Kleines Meer
Mordwinische ASSR
UdSSR
mordwin.;
ASSR der Mordwinen
(= Leute)

Morelia
Siedlung;
Mexiko
span.;
nach José María Morelos (1765–1815), mex. Nationalheld

Morris Jesup
Kap;
Dänemark, Grönland
engl.;
nach Morris Ketchum Jesup, US-am. Bankier

Morro da Igreja
Berg;
Brasilien
port.;
Kirchhügel

Morschansk
Siedlung;
UdSSR
mordwin.;
v. Morscha = Eben, ebener Ort

Morshowez
Insel;
UdSSR
russ.;
Walroßjäger

Mortes, Rio das
Fluß;
Brasilien
port.;
Fluß der Todesfälle

Moschtschny, Ostrow
Insel;
UdSSR
russ.;
Mächtige, gewaltige Insel

Mosdok
Siedlung;
UdSSR
kabardin.;
Urwald

Moskau
Siedlung;
UdSSR
slaw.;
vermutlich von Mosk = Sumpfig, morastig

Most
Siedlung;
ČSSR
tschech.;
Brücke

Mostar
Siedlung;
Jugoslawien
serbokr.;
von Mostari = Brückenwächter

Mosul
Siedlung;
Irak
arab.;
Verbindung

Moulins
Siedlung;
Frankreich
frz.;
Mühlen

Moyobamba
Siedlung;
Peru
Ketschua;
von Mayupampa = Runde Ebene

Mudanjiang
Siedlung;
China
chin.;
Pfingstrosenfluß

Muhu
Insel;
UdSSR
estn.;
Hügel

Muja
Fluß;
UdSSR

ewenk.;
Wasser
Mujunkum
Landschaft;
UdSSR
kasach.;
Kamelhalswüste (wegen der langgezogenen Dünen)
Mukatschewo
Siedlung;
UdSSR
slaw.;
von Muka = Qual, Plage (Unter Entbehrungen der Menschen wurde hier ein Schloß gebaut.)
Mull
Insel;
Großbritannien
kelt.;
Kahl
Munkchairchan
Berg;
Mongolei
mongol.;
Ewig heilig
Munku Sardyk
Berg;
UdSSR
burjat.;
Ewiger Fels
Murchison
Fluß;
Australien
engl.;
nach Roderick Impey Murchison (1792–1871), Geologe
Murgab
Fluß;
Iran/UdSSR
tadshik.;
Wildente
Murmansk
Siedlung;
UdSSR
russ.;
von Murman = Normanne, Nordländer
Murray
Fluß;
Australien
engl.;
nach George Murray, brit. Politiker
Murrumbidgee
Fluß;
Australien
austral.;
Großes Wasser, Überschwemmung
Musgravegebirge
Australien
engl.;
nach Anthony Musgrave, Gouverneur v. Südaustralien (1873)
Muskegon
Fluß;
USA
indian.;
Sumpffluß
Mustafa Kemalpaşa
Siedlung;
Türkei
türk.;
nach Mustafa Kemal Pascha/Atatürk (1881–1938), türk. Staatsmann
Mustvee
Siedlung;
UdSSR
estn.;
Schwarzwasser
Muzaffarnagar
Siedlung;
Indien
Hindi;
Stadt des Khan Muzaffar (17. Jh.)

Muztag
Berg;
China
Turkspr.;
Eisberg

Mwerusee
Sambia/Zaïre
Bantu;
See

Myitkyina
Siedlung;
Burma
burmes.;
Nahe des großen Flusses

Mylius-Erichsen-Land
Landschaft;
Dänemark, Grönland
dän.;
nach Ludwig Mylius Erichsen (1872–1907), Polarforscher

Myvatn
See;
Island
isl.;
Mückensee

Mzcheta
Siedlung;
UdSSR
georg.;
Festgefügter Ort

N

Nabul
Siedlung;
Tunesien
grch.;
von Neapolis = Neue Stadt

Nabulus
Siedlung;
Naher Osten
grch.;
von Neapolis = Neue Stadt

Nachitschewan
Siedlung;
UdSSR
armen.;
vermutlich Ort des Nachutsch o. von Nachitschewa = Erster Haltepunkt

Nachodka
Siedlung;
UdSSR
russ.;
Fund

Nadeshdastraße
Meeresstraße
UdSSR
russ.;
nach der Nadeshda, dem Schiff des Seefahrers Krusenstern (1770–1846)

Nagajewbucht
UdSSR
russ.;
nach Alexej Iwanowitsch Nagajew (1704–1781), Hydrograph u. Kartograph

Nagano
Siedlung;
Japan
jap.;
Langes Feld

Nagasaki
Siedlung;
Japan
jap.;
Langes Kap

Nagercoil
Siedlung;
Indien
Sanskrit;
Schlangentempel

Nagorno-Karabach
Autonomes Gebiet;
UdSSR

russ./Turkspr.;
Bergig-schwarzer Garten

Nagpur
Siedlung;
Indien
Hindi;
Stadt am Fluß Nag

Nahuel-Huapí-See
Argentinien
indian.;
Insel-der-Jaguare-See

Nairobi
Siedlung;
Kenia
Massai;
von Enkore Nairobi = Kaltes Wasser

Naissaar
Insel;
UdSSR
estn.;
Fraueninsel

Nakatsu
Siedlung;
Japan
jap.;
Innerer Hafen

Nakhon Sawan
Siedlung;
Thailand
Thaispr.;
Himmlische Stadt

Namak
See;
Iran
pers.;
Salzfeld

Nam Co
See;
China
tibet.;
Himmlischer See

Namib
Landschaft;
Namibia*
Nama;
Gebiet, wo es nichts gibt

Nanchang
Siedlung;
China
chin.;
Blühender Süden

Nanga Parbat
Berg;
Pakistan
Sanskrit;
Nackter Berg

Nanjing
Siedlung;
China
chin.;
Südliche Hauptstadt

Nan Ling
Gebirge;
China
chin.;
Südgebirge

Nanning
Siedlung;
China
chin.;
Südlicher Friede

Nansensund
Kanada
norw.;
nach Fridtjof Nansen (1861–1930), Polarforscher

Nantucket
Insel;
USA
indian.;
Weit entferntes Land

Napier
Siedlung;
Neuseeland
engl.;
nach Charles James Napier (1782–1853), brit. General

Napoli
Siedlung;
Italien
grch.;
von Neapolis = Neue Stadt

Nariño
Provinz;
Kolumbien
span.;
n. Antonio Ambrosio Nariño (1765–1823), Freiheitskämpfer

Narjan-Mar
Siedlung;
UdSSR
nenz.;
Rote Stadt

Narmada
Fluß;
Indien
Sanskrit;
Segenspender

Narodnaja
Berg;
UdSSR
mans.;
von Narod = Berg

Narsimhapur
Siedlung;
Indien
Sanskrit;
Stadt des Narsimha (der Inkarnation Vishnus als männl. Löwe)

Narym
Fluß;
UdSSR
chant.;
Sumpf

Naryn
Fluß;
UdSSR
mongol.;
Sonnig

Nashville
Siedlung;
USA
engl.;
nach Francis Nash, US-am. General

Nassau
Insel;
Cookinseln (neus.)
engl.;
nach der Nassau, dem Schiff des US-am. Kapitäns John D. Sampson

Nassersee
Stausee;
Ägypten
arab.;
nach Gamal Abdel Nasser (1918–1970), ägypt. Staatsmann

Natal
Provinz;
Südafrika
port.;
Weihnachten, von Vasco da Gama an diesem Tag 1497 entdeckt

Naturaliste
Kap;
Australien
frz.;
nach der Naturaliste (= Naturforscher), dem Schiff des Seefahrers Nicolas Baudin

Nautschny
Siedlung;
UdSSR
russ.;
Wissenschaftlich

Neapel s. Napoli

Near Islands
Inseln;
USA, Alaska
engl.;
Nahe Inseln

Nebit-Dag
Siedlung;
UdSSR
turkmen.;
Erdölberg
Neblina, Pico de la
Berg;
Venezuela
span.;
Nebelberg
Nebraska
Gliedstaat;
USA
indian.;
Flacher Fluß
Nedschd
Landschaft;
Saudi-Arabien
arab.;
Hochland
Nefteabad
Siedlung;
UdSSR
tadshik.;
Erdölstadt
Neftegorsk
Siedlung;
UdSSR
russ.;
Ort des Erdöls am Berg
Neftekamsk
Siedlung;
UdSSR
russ.;
Ort des Erdöls an der Kama
Neftesawodsk
Siedlung;
UdSSR
russ.;
Ort des Erdölwerks
Neftjanyje Kamni
Siedlung;
UdSSR
russ.;
Erdölsteine
Negev
Landschaft;
Israel
hebr.;
von Hanegev = Südland
Negro, Rio
Fluß;
Brasilien
port.;
Schwarzer Fluß
Negru Vodă
Siedlung;
Rumänien
rumän.;
Schwarzer Fürst
Neijiag
Siedlung;
China
chin.;
Innerer Fluß, Binnenfluß
Nekrassowskoje
Siedlung;
UdSSR
russ.;
nach Nikolai Alexewitsch Nekrassow (1821–1877), Dichter
Nelson
Fluß;
Kanada
engl.;
nach einem Schiffsoffizier des Entdeckers Button (1612)
Nelson
Siedlung;
Neuseeland
engl.;
nach Horatio Nelson (1758–1805), Admiral
Neman/Nemunas
Fluß;
UdSSR
lit.;
von Nemu = Haus

Nemours
Siedlung;
Frankreich
lat.;
von Nemus = Wald
Nenzen, Autonomer Bezirk der
UdSSR
nenz.;
von Nenzen = Menschen
Neochórion
Siedlung;
Griechenland
grch.;
Neudorf
Nepal
Staat;
Asien
Sanskrit;
Land am Fuß der Berge
Neringa
Siedlung;
UdSSR
lit.;
Nehrung
Neris
Fluß;
UdSSR
lit.;
von Nerti = Schnellfließen
Nerjungri
Siedlung;
UdSSR
jak.;
Fluß der silbernen Forellen
Nertscha
Fluß;
UdSSR
ewenk.;
Führender Fluß
Nesterow
Siedlung;
UdSSR, RSFSR
russ.;
nach S. K. Nesterow, Held der
Sowjetunion
Nesterow
Siedlung;
UdSSR, Ukraine
russ.;
nach Pjotr Nikolajewitsch
Nesterow (1887–1914),
Fliegeroffizier
Neufchâteau
Siedlung;
Frankreich
frz.;
Neuburg
Neuseeland
Staat;
Ozeanien
ndl.;
von Abel Tasman 1642
entdeckt, später von niederländischen Geographen
nach der Provinz Zeeland
benannt
Nevada
Gliedstaat;
USA
span.;
Schneeig, Schneefall
Nevada, Sierra
Gebirge;
Spanien
span.;
Schneegebirge
Nevis
Insel;
St. Kitts u. Nevis
span.;
von Las Nieves = Schnee
(Kolumbus nahm bei der
Entdeckung 1493 an, daß auf
den wolkenverhangenen
Bergen Schnee wäre.)
Newa
Fluß;
UdSSR

finn.;
Moosiger Sumpf
Newcastle
Siedlung;
Großbritannien
engl.;
Neuburg
Newelskoistraße
Meeresstraße;
UdSSR
russ.;
n. Gennadij Iwanowitsch Newelskoi (1813–1876), Forscher
New Haven
Siedlung;
USA
engl.;
Neuer Hafen
Newport
Siedlung;
Großbritannien
engl.;
Neuer Hafen
Newquay
Siedlung;
Großbritannien
engl.;
Neuer Kai
Newtontoppen
Berg;
Svalbard (norw.)
engl./norw.;
Newtonspitze, nach Alfred Newton (1829–1907), Ornithologe
New York
Siedlung;
USA
engl.;
Neu York, nach James Duke of York, Bruder von Charles II., König von England (nach der Eroberung 1664 so benannt)
Neyshabur/Nishapur
Siedlung;
Iran
pers.;
nach Shapur I. (gest. 272), Sassanidenherrscher
Nha Trang
Siedlung;
Vietnam
vietnames.;
Weißes Haus
Niagara
Fluß;
Kanada/USA
indian.;
Donnerndes Wasser
Niamey
Siedlung;
Niger
afrik.;
vermutl. v. Wa Niammane = Geht hier hin, geht dort hin.
Nice
Siedlung;
Frankreich
grch.;
von Nikaia = Siegesstadt
Nicolae-Bălcescu
Siedlung;
Rumänien
rumän.;
nach Nicolae Bălcescu (1819–1852), Schriftsteller u. Revolutionär
Nieves, Pico de la
Berg;
Spanien, Kanaren
span.;
Schneeberg
Niger
Fluß;
Afrika
Berberspr.;
Fluß

Nijmegen
Siedlung;
Niederlande
lat.;
v. Noviomagus = Neues Feld

Nikaragua
Staat;
Mittelamerika
indian.;
vermutlich nach einem Indianerhäuptling

Nikolajew
Siedlung;
UdSSR
russ.;
nach dem Nikolaustag (6. 12.)

Nikolajewsk-na-Amure
Siedlung;
UdSSR
russ.;
nach Nikolai I. (1796 bis 1855), russ. Zar

Nikopol
Siedlung;
UdSSR bzw. Bulgarien
grch.;
Siegesstadt

Nikosia s. Levkosía

Nil
Fluß;
Ägypten/Sudan
semit.;
von Nahal = Fluß

Nilgiri
Gebirge;
Indien
Sanskrit;
Blaue Berge

Ningbo
Siedlung;
China
chin.;
Friedliche Welle

Ninh Giang
Siedlung;
Vietnam
vietnames.;
Friedlicher Fluß

Niobrara
Fluß;
USA
indian.;
Laufendes Wasser

Nipigonsee
Kanada
indian.;
Tiefes, klares Wasser

Nipissingsee
Kanada
indian.;
Kleines Wasser

Nishapur s. Neyshabur

Nishnekamsk
Siedlung;
UdSSR
russ.;
Ort an der unteren Kama

Nismenny, Mys
Kap;
UdSSR
russ.;
Tiefliegendes Kap

Niterói
Siedlung;
Brasilien
indian.;
Verborgenes Wasser

Niutou Shan
Berg;
China
chin.;
Rinderkopfberg

Niuzhuang
Siedlung;
China
chin.;
Rinderdorf

Nizza s. Nice

Njassasee
Malawi/Moçambique/
Tansania
Bantu;
Großes Wasser
Nogales
Siedlung;
Mexiko/USA
span.;
Walnußbäume
Noginsk
Siedlung;
UdSSR
russ.;
nach Wiktor Pawlowitsch
Nogin (1878–1924),
sowj. Staatsmann
Nordenskiöldarchipel
UdSSR
schwed.;
nach Adolf Erik Nordenskiöld
(1832–1901),
Polarforscher
Nordwik
Siedlung;
UdSSR
norw.;
Nordbucht
Norfolk
Insel;
(austral.)
engl.;
von Cook 1774 nach dem
Duke of Norfolk benannt
Norfolk
Grafschaft;
Großbritannien
angelsächs.;
von North Folk = Nordvolk
(im Gegensatz zu South Folk/
Suffolk)
Normandie
Landschaft;
Frankreich
germ.;
von den Normannen = Nordmänner
Norrköping
Siedlung;
Schweden
schwed.;
Nordmarkt
Northumberland
Grafschaft;
Großbritannien
engl.;
Land nördlich des
Humber
Nortonsund
Bucht;
USA, Alaska
engl.;
nach Fletcher Norton,
Politiker,
von James Cook
1778 benannt
Norwegen
Staat;
Europa
altnorw.;
von Norreweg,
Nordvegr
= Nordweg
Nosy Be
Insel;
Madagaskar
Malagasi;
Große Insel
Nové Město
Siedlung;
ČSSR
tschech.;
Neustadt
Novigrad
Siedlung;
Jugoslawien
serbokr.;
Neustadt

Novi Pazar
Siedlung;
Bulgarien
bulg.;
Neuer Markt
Novi Sad
Siedlung;
Jugoslawien
serbokr.;
Neue Anpflanzung, Garten
Nowa Huta
Stadtteil von Krakau;
Polen
poln;
Neue Hütte
Nowaja Semlja
Inseln;
UdSSR
russ.;
Neues Land
Nowe Miasto
Siedlung;
Polen
poln.;
Neustadt
Nowgorod
Siedlung;
UdSSR
russ.;
Neustadt
Nowogrudok
Siedlung;
UdSSR
slaw.;
Neues Städtchen
Noworossijsk
Siedlung;
UdSSR
russ.;
Neurussischer Ort
Nowoschachtinsk
Siedlung;
UdSSR
russ.;
Ort des neuen Schachtes
Nowosybkow
Siedlung;
UdSSR
russ.;
Neuer Ort an sumpfiger Stelle
Nowy Dwór
Siedlung;
Polen
poln.;
Neuer Hof
Nowy Targ
Siedlung;
Polen
poln.;
Neuer Markt
Nubien
Landschaft;
Sudan
ägypt.;
Goldland
Nueva, Isla
Insel;
Chile
span.;
Neue Insel
Nu Jiang
Fluß;
China
chin.;
Wütender Fluß
Nukus
Siedlung;
UdSSR
Turkspr.;
von Nuskas = Neues Gehöft
Nullarborebene
Australien
lat.;
Kein-Baum-Ebene
Nuratau
Gebirge;
UdSSR

Turkspr.;
Steiles Gebirge
Nuuk
Siedlung;
Dänemark, Grönland
grönländ.;
Landzunge
Nuwakschut
Siedlung;
Mauretanien
Berberspr.;
Ort, wo der Wüstenwind pfeift
Nykøbing
Siedlung;
Dänemark
dän.;
Neumarkt

O

Oahu
Insel;
USA, Hawaii
polyn.;
Sammelplatz
Oakland
Siedlung;
USA
engl.;
Eichenland
Oak Ridge
Siedlung;
USA
engl.;
Eichenrücken
Oaxaca
Siedlung;
Mexiko
aztek.;
Beim Akaziengebiet
Ob
Fluß;
UdSSR
Komi;
Tante
Oblatschnaja
Berg;
UdSSR
russ.;
Bewölkt
Obschtschi Syrt
Gebirge;
UdSSR
russ./Turkspr.;
Allgemeine Höhen
Obwa
Fluß;
UdSSR
Komi-permjak.;
Schneewasser
Ocean
Insel;
Kiribati
engl.;
nach der Ocean
(= Ozean), dem Schiff mit
dem die Insel 1804 entdeckt
wurde
Ochansk
Siedlung;
UdSSR
russ.;
Ort der Fischnetze
Ocho Rios
Siedlung;
Jamaika
span.;
Acht Flüsse
Ochota
Fluß;
UdSSR
ewenk.;
von Okat = Fluß, Bach
Odense
Siedlung;
Dänemark
altgerm.;
Odins Heiligtum

Odessa
Siedlung;
UdSSR
grch.;
nach der grch. Siedlung Odessos, die in der Nähe gelegen haben soll, benannt (1795)

Ogden
Siedlung;
USA
engl.;
n. Peter Skene Ogden (1794 bis 1854), Pelzhändler u. Forscher

Ogonjok
Siedlung;
UdSSR
russ.;
Flämmchen

O'Higgins
Provinz;
Chile
ir./span.;
nach Bernardo O'Higgins (1778–1842), Führer der Unabhängigkeitsbewegung Chiles

Ohio
Fluß;
USA
indian.;
Schöner Fluß

Ohrid
Siedlung;
Jugoslawien
serbokr.;
Auf dem Felsen

Oka
Fluß zur Angara;
UdSSR
burjat.;
Älterer Bruder

Okeechobee
See;
USA
indian.;
Großes Wasser

Oklahoma
Gliedstaat;
USA
indian.;
v. Humma Okla = Rotes Volk

Okniza
Siedlung;
UdSSR
moldau.;
Senke

Oktjabrsk
Siedlung;
UdSSR
russ.;
Ort des Oktobers

Öland
Insel;
Schweden
schwed.;
Inselland

Olbia
Siedlung;
Italien
grch.;
Die Reiche

Olenjok
Fluß;
UdSSR
russ.;
von Olen = Rentier

Olgastraße
Meeresstraße;
Svalbard (norw.)
dt.;
nach Olga (1822–1892), Königin von Württemberg

Olifants
Fluß;
Südafrika
afrikaans;
Elefantenfluß

Ólympos
Berg;

Griechenland
vorgrch. Herkunft;
vermutlich Berg

Omaha
Siedlung;
USA
indian.;
nach dem Indianerstamm der Omaha

Omsk
Siedlung;
UdSSR
russ./tat.;
Ort am Om (= Ruhig)

Onega
Fluß;
UdSSR
finn.;
von Eno Joki = Großer Fluß

Ontario
See;
Kanada/USA
indian.;
Schöner See

Opatija
Siedlung;
Jugoslawien
serbokr.;
Abtei

Oppland
Fylke;
Norwegen
norw.;
Hinterland

Öræfajökull
Berg;
Island
isl.;
Öder Gletscher

Orange/Oranje
Fluß;
Südafrika
ndl.;
nach dem Fürstenhaus Oranien

Ordshonikidse
Siedlung;
UdSSR
georg.;
nach Grigorij Konstantinowitsch Ordshonikidse (1886–1937), sowj. Staatsmann

Orellana
Siedlung;
Peru
span.;
nach Francisco de Orellana (um 1490–1546), Konquistador

Orenburg
Siedlung;
UdSSR
russ./dt.;
Burg am Fluß Or, wo sie 1735 an der Stelle des heutigen Orsk gegründet u. 1743 an die jetzige Stelle verlegt wurde

Organos, Sierra de los
Gebirge;
Kuba
span.;
Orgelgebirge

Orinoco
Fluß;
Venezuela/Kolumbien
indian.;
Ort zum Paddeln

Orkneyinseln
Großbritannien
kelt. u. altgerm.;
vermutlich von Orc = Delphin, Wal u. von Ey = Inseln

Orléans
Siedlung;
Frankreich
lat.;
nach Aurelianus (214–275), röm. Kaiser

Orlow, Mys
Kap;
UdSSR
russ.;
Adlerkap

Orossitelny
Siedlung;
UdSSR
russ.;
Bewässert

Orvieto
Siedlung;
Italien
lat.;
von Urbs Vetus = Altstadt

Osero Gorkoje
See;
UdSSR
russ.;
Bitterer See

Oshima
Insel;
Japan
jap.;
Große Insel

Osjorsk
Siedlung;
UdSSR
russ.;
Seeort

Oskarshamn
Siedlung;
Schweden
schwed.;
Oskarshafen, nach Oskar I. (1799–1859), König von Schweden

Oslo
Siedlung;
Norwegen
altnorw.;
vielleicht von Opslo = Am Lo (einem Bach)

Ossipenko
Siedlung;
UdSSR
ukr.;
nach Polina Denissowna Ossipenko (1907–1939), Held der Sowjetunion

Osterinsel
Chile
Ostern 1722 von Jakob Roggeveen (1659–1729), ndl. Kapitän, entdeckt

Ostia
Siedlung;
Italien
lat.;
von Ostium = Mündung

Ostrog
Siedlung;
UdSSR
russ.;
Befestigter Ort

Ostrov
Siedlung;
ČSSR
tschech.;
Insel

Osumi
Halbinsel;
Japan
jap.;
Große Ecke

Otaru
Siedlung;
Japan
Ainu;
von Otarunai = Sandiger Strand

Oțelu Roșu
Siedlung;
Rumänien
rumän.;
Roter Stahl

Otepää
Siedlung;

UdSSR
estn.;
Bärenkopf
Otradnaja
Siedlung;
UdSSR
russ.;
Erfreulich, erquickend
Ottawa
Siedlung;
Kanada
indian.;
nach dem Indianerstamm der Ottawa (vermutlich = Handelsleute)
Ottumwa
Siedlung;
USA
indian.;
Gekräuseltes Wasser
Ouro Preto
Siedlung;
Brasilien
port.;
Schwarzes Gold
Outokumpu
Siedlung;
Finnland
finn.;
Fremder Hügel
Overijssel
Provinz;
Niederlande
ndl.;
Jenseits der Ijssel
Owen-Stanley-Gebirge
Papua-Neuguinea
engl.;
nach Owen Stanley, Forscher
Oxford
Siedlung;
Großbritannien
engl.;
Ochsenfurt
Oysterbucht
Australien
engl.;
Austernbucht

P

Paarl
Siedlung;
Südafrika
afrikaans;
Perle
Pachtussowinsel
UdSSR
russ.;
nach Pjotr Kusmitsch Pachtussow (1800–1835), Seefahrer
Padang
Siedlung;
Indonesien
indones.;
Ebene
Pai-Choi
Gebirge;
UdSSR
nenz.;
Steinberg
Painted Desert
Landschaft;
USA
engl.;
Gemalte Wüste
Pájaros
Kap;
Chile
span.;
Vögel
Pakistan
Staat;
Asien
pers.;
Land der Reinen

Palenque
Siedlung;
Mexiko
span.;
Einzäunung

Palermo
Siedlung;
Italien
grch.;
vermutlich von Panormus = Bequem zum Landen

Palkstraße
Meeresstraße,
Indien/Sri Lanka
singhal.;
Strudelstraße

Pallas
Berg;
UdSSR
dt.;
nach Peter Simon Pallas (1741–1811), Geograph

Palma de Mallorca
Siedlung;
Spanien
span.;
Palme von Mallorca

Palmares
Siedlung;
Brasilien
port.;
Palmenhaine

Palmerarchipel
Antarktis
engl.;
nach dem US-am. Kapitän Palmer, dem Entdecker (1821)

Palmerston North
Siedlung;
Neuseeland
engl.;
nach Henry John Temple, Viscount Palmerston (1784–1865), Politiker

Palm Springs
Siedlung;
USA
engl.;
Palmenquellen

Palmyra
Ruinenstätte;
Syrien
aram.;
Palmenstadt

Palmyra
Insel;
(US-am.)
engl.;
nach der Palmyra, dem Schiff des US-am. Entdeckers Sawle

Pamir
Gebirge;
UdSSR
iran.;
vielleicht von Pa-e Mihr = Fuß des Sonnengottes Mihr

Pamjat Parishskoi Kommuny
Siedlung;
UdSSR
russ.;
Gedenken der Pariser Kommune

Pampa
Landschaft;
Argentinien
indian.;
Ebene

Pamplona
Siedlung;
Spanien
lat.;
von Pompeiopolis, nach Gnaeus Pompeius Magnus (106–48 v.u.Z.), röm. Feldherr u. Staatsmann

Panama
Staat;

Mittelamerika
indian.;
Viele Fische
Pando
Provinz;
Bolivien
span.;
Eben
Pandschab
Landschaft;
Indien/Pakistan
Sanskrit;
Fünf Flüsse, Fünfstromland
Panfilow
Siedlung;
UdSSR
russ.;
nach Iwan Wassiljewitsch Panfilow (1892–1941), Held der Sowjetunion
Pangkalpinang
Siedlung;
Indonesien
indones.;
Wurzel der Betelpalme
Pan Ling
Gebirge;
China
chin.;
Schüsselgebirge
Papagayogolf
Kostarika
span.;
Papageigolf
Papéete
Siedlung;
Frz.-Polynesien
polyn.;
Kleines Wasser
Papua-Neuguinea
Staat;
Ozeanien
Papua = Kraushaarige;
Neuguinea 1545
von Ortez de Rez
nach der afrik. Landschaft
Guinea benannt
Pará
Siedlung;
Brasilien
indian.;
Wasser, Meer
Paracatu
Fluß;
Brasilien
indian.;
Gutes Wasser
Paraguay
Fluß;
Südamerika
indian.;
Quelle des Meeres oder
Papageienfluß
Paraíba
Fluß;
Brasilien
indian.;
Schlechtes Wasser
Paramaribo
Siedlung;
Suriname
indian.;
Meeresbewohner
Paramuschir
Insel;
UdSSR
Ainu;
Breite Insel
Paraná
Fluß;
Südamerika
indian.;
Mutter des Meeres
Pardo, Rio
Fluß;
Brasilien
port.;
Dunkler Fluß

Paris
Siedlung;
Frankreich
kelt.;
n. dem Stamm der Parisier (= der Tapferen o. Schiffsleute)

Parry-Inseln
Kanada
engl.;
nach William Edward Parry (1790–1855), Polarforscher

Partisansk
Siedlung;
UdSSR
russ.;
Ort der Partisanen

Părvomaj
Siedlung;
Bulgarien
bulg.;
Erster Mai

Pasadena
Siedlung;
USA
indian.;
Krone des Tales

Pas-de-Calais
Département;
Frankreich
frz.;
Straße von Calais

Paso de los Libres
Siedlung;
Argentinien
span.;
Furt der Freien

Passo Fundo
Siedlung;
Brasilien
port.;
Tiefe Furt

Patagonien
Landschaft;
Argentinien
port.;
von Pata = Pfote, Tatze; Patagones = Tatzenfüßer nannte Magalhães die Einwohner, da sie Felle um die Füße trugen.

Paterson
Siedlung;
USA
engl.;
nach William Paterson (1745–1806), US-am. Jurist

Patoslagune
Brasilien
port.;
Entenlagune

Pavel Banja
Siedlung;
Bulgarien
bulg.;
Pauls Bad

Pawlowsk
Siedlung;
UdSSR, Gebiet Leningrad
russ.;
nach Pawel I. (1754–1801), russ. Zar

Payer
Berg;
UdSSR
dt.;
nach Julius Payer (1842–1915), Polarforscher

Paysandú
Siedlung;
Uruguay
indian./span.;
von Pay = Vater, nach dem Gründer (1772) Policarpo Sandu, Priester

Pazar
Siedlung;
Türkei
türk.;
Markt

Peace
Fluß;
Kanada
engl.;
Frieden

Pearl
Fluß;
USA
engl.;
Perle

Pearyland
Halbinsel;
Dänemark, Grönland
engl.;
n. Robert Edwin Peary (1856 bis 1920), US-am. Polarforscher

Peel
Fluß;
Kanada
engl.;
nach Robert Peel (1788–1850), brit. Politiker

Peiraieús s. Piräus

Peixe
Fluß;
Brasilien
port.;
Fisch

Peking
Siedlung;
China
chin.;
von Beijing = Nördliche Hauptstadt

Pelée, Montagne
Berg;
Martinique (frz.)
frz.;
Kahler Berg

Pellegrini
Siedlung;
Argentinien
span.;
nach Carlos Pellegrini (1847–1906), arg. Präsident

Pelly
Fluß;
Kanada
engl.;
nach John Henry Pelly, Gouverneur der Hudson's Bay Company

Peloponnes, Pelopónēsos
Halbinsel;
Griechenland
grch.;
Insel des Pelops (Sagengestalt)

Peñas
Kap;
Spanien
span.;
Felsen

Pendshikent
Siedlung;
UdSSR
tadshik.;
Fünf Städte

Penghu-Inseln
China
chin.;
Brausender, tosender See

Penitentegebirge
Brasilien
port.;
Büßergebirge

Penninen
Gebirge;
Großbritannien
kelt.;
von Pen = Berg, Gipfel

Pennsylvania
Gliedstaat;
USA
engl./lat.;
Penns Waldland, nach William Penn (1644–1718), Philanthrop

Penrhyn
Insel;
Cookinseln (neus.)
engl.;
nach der Lady Penrhyn, dem Schiff, mit dem die Insel 1788 entdeckt wurde
Pentecost
Insel;
Vanuatu
engl.;
Pfingsten
Perak
Gliedstaat;
Malaysia
mal.;
Silber
Perdido, Río
Fluß;
Argentinien
span.;
Verlorener Fluß
Perewos
Siedlung;
UdSSR
russ.;
Fähre
Perm
Siedlung;
UdSSR
Komi;
von Parma = Höhe, Anhöhe
Pernambuco
Gliedstaat;
Brasilien
indian.;
von Paranambuc = Flußarm
Perth
Siedlung;
Großbritannien
kelt.;
von Abertha = Mündung des Tay
Peru
Staat;
Südamerika
indian.;
vermutlich nach einem Fluß Birú (erste von den Spaniern erreichte Stelle)
Perwomaisk
Siedlung;
UdSSR
russ.;
Ort des Ersten Mai
Perwouralsk
Siedlung;
UdSSR
russ.;
nach dem 1. Rohrwalzwerk des Ural
Peshawar
Siedlung;
Pakistan
pers.;
von Pesh Awar = Grenzstadt
Peštera
Siedlung;
Bulgarien
bulg.;
Höhle
Pestschany, Mys
Kap;
UdSSR
russ.;
Sandiges Kap
Petah Tiqwa
Siedlung;
Israel
hebr.;
Tor der Hoffnung
Peter-des-Großen-Bucht
UdSSR
russ.;
nach Peter I./Pjotr I. Weliki (1672–1725), russ. Zar
Peter-I.-Insel
Antarktis

russ.;
nach Peter I./Pjotr I. Weliki (1672–1725), russ. Zar

Petermanngebirge
Australien
dt.;
nach August Petermann (1822–1878), Kartograph und Geograph

Petersburg
Siedlung;
USA, Virginia
engl.;
nach Peter Jones, Offizier

Petra
Ruinenstätte;
Jordanien
grch.;
Fels

Petrodworez
Siedlung;
UdSSR
russ.;
Schloß Peters, nach Peter I./Pjotr I. Weliki (1672–1725), russ. Zar

Petropawlowsk-Kamtschatski
Siedlung;
UdSSR
russ.;
nach der Swjatoi Pjotr (= St. Peter) u. der Swjatoi Pawel (= St. Paul), den Schiffen von Vitus Bering

Petrópolis
Siedlung;
Brasilien
port.;
Peters Stadt, nach Pedro II. (1825–1891), Kaiser von Brasilien

Petrosawodsk
Siedlung;
UdSSR
russ.;
Ort am Werk Pjotrs, nach Peter I./Pjotr I. Weliki (1672–1725), russ. Zar

Petschenga
Siedlung;
UdSSR
finnougr.;
Kiefernfluß

Pewek
Siedlung;
UdSSR
tschuktsch.;
v. Pekkin-ej = Geschwollener Berg

Philadelphia
Siedlung;
USA
grch.;
Bruderliebe, Stadt der Bruderliebe (1682 als Quäkersiedlung gegründet)

Philippinen
Staat;
Asien
span.;
nach Philipp/Felipe II. (1527–1598), König von Spanien

Phjòngjang
Siedlung;
KDVR
korean.;
Friedliche Erde

Phnom Penh
Siedlung;
Kampuchea
Khmer;
Hügel der Göttin Penh

Phoenix
Siedlung;
USA
grch.;
n. Phönix (ägypt. Sagenvogel)

Piacenza
Siedlung;
Italien
lat.;
von Placentia = Angenehmer Aufenthalt
Pianosa
Insel;
Italien
lat.;
von Planasia = Ebene Insel
Picardie
Landschaft;
Frankreich
frz.;
von Pique = Spieß, Pike, (den Waffen der Einwohner)
Piedras Negras
Siedlung;
Mexiko
span.;
Schwarze Steine
Piemont/Piemonte
Landschaft;
Italien
ital.;
Fuß der Berge
Pieriá
Provinz;
Griechenland
grch.;
Reich
Pierre
Siedlung;
USA
frz.;
nach Pierre Chouteau, Pelzhändler
Pietermaritzburg
Siedlung;
Südafrika
afrikaans.;
nach Piet Retief (1780–1838) u. Gerrit Maritz (1797–1838), Burenführer
Piła
Siedlung;
Polen
poln.;
Säge
Pilcomayo
Fluß;
Südamerika
indian.;
Vogelfluß
Pilsen s. Plzeň
Pinang
Gliedstaat;
Malaysia
mal.;
Betelnuß
Pinar del Río
Siedlung;
Kuba
span.;
Kiefernwald am Fluß
Pınarhisar
Siedlung;
Türkei
türk.;
Quellenburg
Pindos
Gebirge;
Griechenland
grch.;
Wasserberg
Pine Bluff
Siedlung;
USA
engl.;
Kiefern am Steilhang
Pinega
Fluß;
UdSSR
finnougr.;
Kleiner Fluß
Pingdingshan
Siedlung;

China
chin.;
Ebener Gipfelberg
Ping Jiang
Fluß;
China
chin.;
Flacher Fluß
Piramidalny, Pik
Berg;
UdSSR
russ.;
Pyramidenförmiger Berg
Piräus/Peiraieús
Siedlung;
Griechenland
grch.;
vermutlich Jenseits, auf der anderen Seite
Pishma
Fluß;
UdSSR
Mari;
Sumpfig
Pitcairn
Insel;
(brit.)
engl.
nach Pitcairn,
Seekadett auf der Swallow (1767)
Pittsburgh
Siedlung;
USA
engl.;
nach William Pitt (1708–1788), Staatsmann
Pizunda
Siedlung;
UdSSR
grch.;
von Pítys = Kiefer
Pjandsh
Fluß;
Afghanistan/UdSSR
tadshik.;
Fünf
Pjassina
Fluß;
UdSSR
nenz.;
Fluß des schwarzen Holzes (Steinkohle)
Pjatichatki
Siedlung;
UdSSR
ukr.;
Fünf Häuschen
Pjatigorsk
Siedlung;
UdSSR
russ.;
Ort an den fünf Bergen
Planjorskoje
Siedlung;
UdSSR
russ.;
Ort der Segelflieger
Plasencia
Siedlung;
Spanien
lat.;
von Placet = Es gefällt.
Plata, Río de la
Bucht
Argentinien/Uruguay
span.;
Silberfluß
Platte
Fluß;
USA
frz.;
Flach
Plawnikowyje Ostrowa
Inseln;
UdSSR
russ.;
Treibholzinseln

Playa Larga
Siedlung;
Kuba
span.;
Langer Strand
Play Cu
Siedlung;
Vietnam
Djarai;
Bergdorf
Plovdiv
Siedlung;
Bulgarien
grch.;
als Philippolis von Philippos II. 342 v. u. Z. gegründet
Plymouth
Siedlung;
Großbritannien
engl.;
Mündung des Plym
Plzeň
Siedlung;
ČSSR
tschech.;
von Plz = Fruchtbar
Po
Fluß;
Italien
ligur.;
vermutlich von Bodenkos = Der Bodenlose
Pobeda, Pik
Berg;
UdSSR
russ.;
Gipfel des Sieges (im Großen Vaterländischen Krieg)
Pobugskoje
Siedlung;
UdSSR
ukr.;
Ort am Bug
Poços de Caldas
Siedlung;
Brasilien
port.;
Thermalquellen
Podolsk
Siedlung;
UdSSR
russ.;
Ort in der Niederung
Podporoshje
Siedlung;
UdSSR
russ.;
Unter den Stromschnellen
Pogranitschny
Siedlung;
UdSSR
russ.;
An der Grenze
Pointe-Noire
Siedlung;
Kongo
frz.;
Schwarze Spitze
Pojarkowo
Siedlung;
UdSSR
russ.;
nach Wassilij Danilowitsch Pojarkow, Entdeckungsreisender (17. Jh.)
Polabi
Landschaft;
ČSSR
tschech.;
An der Elbe, Elbland
Polen
Staat;
Europa
poln.;
nach den Polen (= Leute in der Ebene)
Polessje
Landschaft;

UdSSR
russ.;
Waldgegend

Policastro
Siedlung;
Italien
grch.;
von Palaiókastron = Alte Burg

Poljarny
Siedlung;
UdSSR
russ.;
Polarort

Polotnjany Sawod
Siedlung;
UdSSR
russ.;
Leinenfabrik

Polynesien
Inseln;
Ozeanien
grch.;
Gebiet der vielen Inseln

Pomorze
Landschaft;
Polen
poln.;
Am Meer

Ponce
Siedlung;
Puerto Rico (US-am.)
span.;
nach Juan Ponce de León (1460–1521), Seefahrer u. Forscher

Pondicherry
Siedlung;
Indien
Tamil;
von Putu Ceri = Neuer Ort

Pontevedra
Siedlung;
Spanien
lat.;
von Pons Vetus = Alte Brücke

Pontisches Gebirge
Türkei
grch.;
von Pontos = Meer;
Gebirge am (Schwarzen) Meer

Pontoise
Siedlung;
Frankreich
frz.;
Brücke über die Oise

Popocatépetl
Berg;
Mexiko
aztek.;
Rauchender Berg

Porcupine
Fluß;
USA, Alaska/
Kanada
engl.;
Stachelschwein

Poronai
Fluß;
UdSSR
Ainu;
Großer Fluß

Portage la Prairie
Siedlung;
Kanada
frz.;
Über die Prärie tragen (Boot)

Port Arthur
Siedlung;
USA
engl.;
nach Arthur E. Stilwell

Port-au-Prince
Siedlung;
Haïti
frz.;
Prinzenhafen

Port Blair
Siedlung;
Indien
engl.;
Hafen des Blair, nach Leutnant Blair, Erforscher der Andamanen (1789)
Port-de-Paix
Siedlung;
Haïti
frz.;
Hafen des Friedens
Port Elizabeth
Siedlung;
Südafrika
engl.;
nach Elizabeth Donkin, der Frau des Gründers (1820)
Port-Gentil
Siedlung;
Gabun
frz.;
Hübscher Hafen
Port Harcourt
Siedlung;
Nigeria
engl.;
nach Lewis Harcourt, brit. Politiker
Port Hedland
Australien
engl.;
nach Peter Hedland, dem Entdecker der Gegend
Port Moresby
Siedlung;
Papua-Neuguinea
engl.;
n. Fairfix Moresby, dem Vater von John Moresby, Entdecker
Porto
Siedlung;
Portugal
port.;
Hafen
Porto Alegre
Siedlung;
Brasilien
port.;
Fröhlicher Hafen
Port of Spain
Siedlung;
Trinidad u. Tobago
engl.;
Spanischer Hafen
Porto Novo
Siedlung;
Benin
port.;
Neuer Hafen
Pôrto Velho
Siedlung;
Brasilien
port.;
Alter Hafen
Port Royal
Bucht;
USA
frz.;
Königlicher Hafen
Port Saïd
Siedlung;
Ägypten
arab.;
Hafen des Saïd, nach Saïd Pascha (1822–1863), Vizekönig von Ägypten
Portsmouth
Siedlung;
Großbritannien
engl.;
Hafenmündung
Portugal
Staat;
Europa
lat.;
von Portus Cale = Warmer Hafen (heute Porto)

Portugalete
Siedlung;
Spanien
lat.;
vermutlich von Portus Galorum = Hafen der Galeerensklaven

Portuguesa
Fluß;
Venezuela
span.;
Portugiesisch

Posadas
Siedlung;
Argentinien
span.;
nach Gervasio Antonio Posadas (1757–1833), arg. Nationalheld

Possjetbucht
UdSSR
russ.;
nach K. N. Possjet (1819–1899), Admiral

Potenza
Siedlung;
Italien
lat.;
von Potentia = Kraft, Stärke

Potosí
Siedlung;
Bolivien
indian.;
von Potojchi = Donner

Potschinok
Siedlung;
UdSSR
russ.;
Rodung

Poughkeepsie
Siedlung;
USA
indian.;
Rot gedeckte Hütte bei der kleinen Wasserstelle

Powder
Fluß;
USA
engl.;
Pulver

Poworotny
Kap;
UdSSR
russ.;
Kap der Wendung

Poza Rica
Siedlung;
Mexiko
span.;
Reiche Pfütze

Prag/Praha
Siedlung;
ČSSR
slaw.;
vielleicht von Prah oder Porog = Stromschnelle

Praia
Siedlung;
Kapverden
port.;
Strand

Prärie
Landschaft;
USA
frz.;
von Prairie = Wiese

Prawdaküste
Antarktis
russ.;
nach der sowjetischen Zeitung Prawda (= Wahrheit)

Prescott
Siedlung;
engl.;
nach William Hickling Prescott (1796–1859), US-am. Historiker

Prêto, Rio
Fluß;
Brasilien
port.;
schwarzer Fluß

Pretoria
Siedlung;
Südafrika
afrikaans;
nach Andries Pretorius (1798–1853), Burenführer

Pribilofinseln
USA, Alaska
russ.;
nach Gawriil Loginowitsch Pribylow (gest. 1796), Seefahrer

Primorje
Region;
UdSSR
russ.;
Küstenland, Küstengebiet

Primorsk
Siedlung;
UdSSR
russ.;
Ort an der Küste

Prince Albert
Siedlung;
Kanada
engl.;
nach Albert von Sachsen-Coburg-Gotha (1819–1861), Ehemann der Königin Victoria

Prince Edward
Insel;
Kanada
engl.;
nach Edward, Herzog von Kent, Gouverneur von Brit.-Amerika (1799)

Prince George
Siedlung;
Kanada
engl.;
nach George III. (1738–1820), brit. König

Prince Patrick
Insel;
Kanada
engl.;
nach Arthur William Patrick (1850–1942), Sohn der brit. Königin Victoria

Príncipe
Insel;
São Tomé u. Príncipe
port.;
Fürst, n. Alfonso V. (1438 bis 1481), König von Portugal

Prinz-Eduard-Insel
(südafrik.)
engl.;
nach einem Sohn des brit. Königs von James Cook 1776 benannt

Priwoksalny
Siedlung;
UdSSR
russ.;
Am Bahnhof

Priwolshsk
Siedlung;
UdSSR
russ.;
Ort an der Wolga

Prochladny
Siedlung;
UdSSR
russ.;
Frisch, kühl

Promyschlennaja
Siedlung;
UdSSR
russ.;
Industrieort

Prontschischtschewküste
UdSSR
russ.;

nach Wassilij Wassiljewitsch Prontschischtschew (1702 bis 1736), Seefahrer

Provence
Landschaft;
Frankreich
lat.;
v. Provincia = Provinz, Gebiet

Providence
Siedlung;
USA
engl.;
Vorsehung

Prowidenija
Siedlung;
UdSSR
russ.;
Ort der Vorsehung

Prshewalsk
Siedlung;
UdSSR
russ.;
nach Nikolai Michailowitsch Prshewalski (1839–1888), Geograph

Pucallpa
Siedlung;
Perua;
Ketschua
Rotes Ufer

Pueblo
Siedlung;
USA
span.;
Siedlung

Puente Genil
Siedlung;
Spanien
span.;
Brücke über den Genil

Puerto Barrios
Siedlung;
Guatemala
span.;
Hafen des Justo Rufino Barrios (1835–1885), Präsident von Guatemala

Puerto Cabello
Siedlung;
Venezuela
span.;
Haarhafen

Puerto Deseado
Siedlung;
Argentinien
span.;
Ersehnter Hafen

Puerto Montt
Siedlung
Chile
span.;
Hafen des Manuel Montt (1809–1880), Präsident v. Chile

Puerto Rico
Abhängiges Gebiet (US-am.)
span.;
Reicher Hafen

Pugatschow
Siedlung;
UdSSR
russ.;
nach Jemeljan Iwanowitsch Pugatschow (1742–1775), Führer im Bauernaufstand

Pukaki
See;
Neuseeland
Maori;
Gesammeltes Wasser

Pulaski
Siedlung;
USA
poln.;
nach Kazimierz Pułaski (1747–1779), poln. Patriot u. Kämpfer für die Unabhängigkeit der USA

Pullmann
Siedlung;
USA
engl.;
nach George Mortimer Pullman (1831–1897), US-am. Industrieller

Puncak Jaya
Berg;
Indonesien
indones.;
Berg des Sieges

Punjab
Landschaft;
Indien/Pakistan
Sanskrit;
Fünf Flüsse, Fünfstromland

Punta Arenas
Siedlung;
Chile
span.;
Sandiges Kap

Punto Fijo
Siedlung;
Venezuela
span.;
Fester Punkt

Pusan
Siedlung;
Korea
korean.;
Kesselberg

Puschkin
Siedlung;
UdSSR
russ.;
nach Alexander Sergejewitsch Puschkin (1799–1837), Dichter

Puschkino
Siedlung;
UdSSR, Gebiet Moskau
russ.;
von Puschka = Kanone

Putjatin
Siedlung;
UdSSR
russ.;
nach Jefim Wassiljewitsch Putjatin (1804–1883), Staatsmann

Puttalam
Siedlung;
Sri Lanka
Tamil.;
Neue Salinen

Pyrenäen
Gebirge;
Frankreich/Spanien
bask.;
von Pyren = Berg

Q

Qagan Nur
See;
China
mongol.;
Weißer See

Qaidam
Landschaft;
China
tibet.;
Salzsumpf

Qian Shan
Gebirge;
China
chin.;
1000 Berge

Qingdao
Siedlung;
China
chin.;
Grüne Insel

Qinghai
See;
China

chin.;
Blaues Meer
Qingshui
Fluß;
China
chin.;
Klares Wasser
Qomolangma
Berg;
China/Nepal
tibet.;
Die dritte Göttin oder
Göttinmutter der Berge
Quang Nam
Provinz;
Vietnam
vietnames.;
Weiter Süden
Queanbeyan
Siedlung;
Australien
austral.;
Klares Wasser
Québec
Siedlung;
Kanada
indian.;
Flußenge
Queen-Charlotte-Inseln
Kanada
engl.;
nach Charlotte
(1744–1818),
Königin von England)
Queen-Elizabeth-Inseln
Kanada
engl.;
nach Elizabeth II. (geb. 1926),
brit. Königin
Queensland
Gliedstaat;
Australien
engl.;
Königinland, nach Victoria,
brit. Königin (1859)
Quetta
Siedlung;
Pakistan
Paschtu;
von Kwatkot = Festung
Quezaltenango
Siedlung;
Guatemala
indian.;
Ort des Quetzal,
des Wappenvogels von
Guatemala
Quimper
Siedlung;
Frankreich
kelt.;
von Kemper
= Zusammenfluß
Quincy
Siedlung;
USA
engl.;
nach John Quincy Adams
(1767–1848), US-am.
Präsident
Quintana Roo
Gliedstaat;
Mexiko
span.;
nach Andrés Quintana Roo,
Führer der Unabhängigkeitsbewegung Mexikos
Quinto, Río
Fluß;
Argentinien
span.;
Fünfter Fluß
Quito
Siedlung;
Ekuador
indian.;
nach den Quito
(den Ureinwohnern)

QYT

Qyteti Stalin
Siedlung;
Albanien
alb.;
Stadt des Jossif Wissarionowitsch Stalin (1879–1953), sowj. Staatsmann

R

Rabat
Siedlung;
Marokko
arab.;
Befestigter Ort

Rabbit-Ears-Paß
USA
engl.;
Kaninchenohren-Paß

Racibórz
Siedlung;
Polen
poln.;
nach Fürst Racibor, dem Gründer (9. Jh.)

Rae
Siedlung;
Kanada
engl.;
nach John Rae (1813–1893), Forscher

Rainier, Mount
Berg;
USA
engl.;
nach Peter Rainier, Seefahrer (Ende 18. Jh.)

Rainy River
Fluß;
Kanada/USA
engl.;
Regenfluß

Raippaluoto
Insel;
Finnland
finn.;
Gertenklippe

Raipur
Siedlung;
Indien
Hindi;
Stadt des Rai, nach Rai Brahma Deo, dem Gründer (14. Jh.)

Rajasthan
Gliedstaat;
Indien
Sanskrit;
Land der Fürsten, Könige

Rajgarh
Siedlung;
Indien
Hindi;
Königsburg

Rakitnoje
Siedlung;
UdSSR
russ.;
Weidendorf

Raleigh
Siedlung;
USA
engl.;
nach Walter Raleigh (1554–1618), Seefahrer

Ralikinseln
Pazifische Inseln/Mikronesien (von USA verw.)
mikron.;
Sonnenuntergangsinseln

Ramenskoje
Siedlung;
UdSSR
russ.;
Dorf im Nadelwald

Ramla
Siedlung;

Israel
arab.;
von Raml = Sand

Rangitoto
Gebirge;
Neuseeland
Maori;
Blutiger Himmel

Rangpur
Siedlung;
Bangladesh
Bengali;
Wohnort der Seeligkeit

Rangun
Siedlung;
Burma
burmes.;
Ende des Streites,
Kriegsende

Rasa, Punta
Kap;
Argentinien
span.;
Ebene, flache Spitze

Ras al-Khaima
Emirat;
VAE
arab.;
Zeltspitze

Raschan
Siedlung;
UdSSR
tadshik.;
Hell, klar

Raschid
Siedlung;
Ägypten
arab.;
nach Harun ar-Raschid
(763/66-809),
abbasid. Kalif

Rasmussenbecken
Meeresbecken;
Arktischer Ozean
dän.;
nach Knud Rasmussen
(1879–1933), Polarforscher

Ratakinseln
Pazifische Inseln/Mikronesien
(von USA verw.)
mikron.;
Sonnenaufgangsinseln

Ratmanowinsel
UdSSR
russ.;
nach Makary Ratmanow,
Seefahrer

Rawson
Siedlung;
Argentinien
span.;
nach Guillermo Rawson
(1821–1890),
arg. Politiker

Recife
Siedlung;
Brasilien
port.;
Riff

Recoverygletscher
Antarktis
engl.;
Erholung-Gletscher

Red Deer
Fluß;
Kanada
engl.;
Rothirsch

Red Hills
Gebirge;
USA
engl.;
Rote Hügel

Red River of the North
Fluß;
USA
engl.;
Roter Fluß des Nordens

Regina
Siedlung;
Kanada
lat.;
Königin, zu Ehren der Königin Victoria von Großbritannien

Rehovot
Siedlung;
Israel
hebr.;
Breiter Platz

Reims
Siedlung;
Frankreich
kelt.;
nach dem Volksstamm der Remi

Remiremont
Siedlung;
Frankreich
lat.;
Berg des Romarich (eines kath. Heiligen)

Rennell
Insel;
Salomonen
engl.;
nach James Rennell (1742–1830), Geograph

Reno
Siedlung;
USA
engl.;
nach Jesse Lee Reno, US-am. Offizier im Bürgerkrieg (1861–1865)

Resistencia
Siedlung;
Argentinien
span.;
Widerstand

Resolution
Insel;
Kanada
engl.;
nach der Resolution, dem Schiff von Thomas Button

Resolution
Insel;
Neuseeland
engl.;
nach der Resolution, dem Schiff von James Cook (1728–1779)

Réunion
Insel;
(frz.)
frz.;
nach der Vereinigung der Marseiller mit den Montagnards (Anhänger der Bergpartei) in Paris 1793

Rewda
Siedlung;
UdSSR
finnougr.;
Eisen

Reykjavík
Siedlung;
Island
isl.;
Rauchbucht

Rhode Island
Gliedstaat;
USA
engl.;
nach der Insel Rodos

Rhodopen
Gebirge;
Bulgarien/Griechenland
grch.;
von Ródon = Rose

Rhône
Fluß;
Schweiz/Frankreich
kelt.;
Schneller Fluß

Ribatejo
Landschaft;
Portugal
port.;
Tejoufer
Ribeirão Prêto
Siedlung;
Brasilien
port.;
Schwarzer Fluß
Richardsongebirge
Kanada
engl.;
nach John Richardson
(1787–1865),
Forscher
Richmond
Siedlung;
Großbritannien
engl.;
Reicher Berg
Rif
Gebirge; Marokko
lat., arab.;
Rand des fruchtbaren
Landes
Rift Valley
Provinz;
Kenia
engl.;
Grabenbruch, „Spaltental“
Rīga
Siedlung;
UdSSR
balt.;
vielleicht von Ring
= Flußschleife
Rijeka
Siedlung;
Jugoslawien
serbokr.;
Fluß
Río Bermejo
Fluß;
Argentinien
span.;
Roter Fluß
Río Blanco
Fluß;
Bolivien
span.;
Weißer Fluß
Rio Branco
Fluß;
Brasilien
port.;
Weißer Fluß
Rio das Mortes
Fluß;
Brasilien
port.;
Fluß der Todesfälle
Rio de Janeiro
Siedlung;
Brasilien
port.;
Januarfluß; am 1. 1. 1502
entdeckt
Río de la Plata
Bucht;
Argentinien/Uruguay
span.;
Silberfluß
Rio Grande do Norte
Gliedstaat;
Brasilien
port.;
Großer Fluß des Nordens
Rio Grande do Sul
Gliedstaat;
Brasilien
port.;
Großer Fluß des Südens
Rioni
Fluß;
UdSSR
swanet.;
von Rien = großer Fluß

Río Salado
Fluß;
Argentinien
span.;
Salziger Fluß
Riukiu-Inseln
Japan
jap.;
Smaragdkreis-
inseln
Riverside
Siedlung;
USA
engl.;
Flußufer
Riviera
Landschaft;
Frankreich/Italien
ital.;
Küste
Rivière-du-Loup
Siedlung;
Kanada
frz.;
Wolfsfluß
Road Town
Siedlung;
Brit. Jungferninseln
engl.;
Reedestadt
Roanoke
Siedlung;
USA
indian.;
Muschelgeld
Roca, Cabo da
Kap;
Portugal
port.;
Felsenkap
Rochefort
Siedlung;
Frankreich
frz.;
Felsenfort
Rochester
Siedlung;
USA, New York
engl.;
nach Nathaniel Rochester,
dem Gründer (1811)
Ródos
Insel;
Griechenland
grch.;
von Ródon = Rose
Roermond
Siedlung;
Niederlande
ndl.;
Mündung der Roer/Rur
Roes Welcome
Bucht;
Kanada
engl.;
Roe's Willkommen, n. Thomas
Roe (1581–1644), Politiker
Rom/Roma
Siedlung;
Italien
etrusk.;
nach dem Geschlecht Rumina
o. dem Fluß Rumon (Tiber)
Roma
Siedlung;
Australien
engl.;
nach Diamantina Roma Bowen, Ehefrau des Gouverneurs
von Queensland (1867)
Roman
Siedlung;
Rumänien
rumän.;
nach Roman Mușat, Fürst der
Moldau, dem Gründer (1392)
Roncadorgebirge
Brasilien

port.;
Schnarchergebirge
Rondônia
Gliedstaat;
Brasilien
port.;
nach Cândido Mariano da Silva Rondon (1865–1958), bras. Politiker
Rong'an
Siedlung;
China
chin.;
Harmonischer Friede
Ronnebucht
Antarktis
engl.;
nach Finn Ronne, US-am. Polarforscher
Roosevelt
Fluß;
Brasilien
engl.;
n. Theodore Roosevelt (1858 bis 1919), US-am. Präsident
Rooseveltinsel
Antarktis
engl.;
nach Franklin Delano Roosevelt (1882–1945), US-am. Präsident
Rosa Luxemburg
Siedlung;
UdSSR
dt.;
nach Rosa Luxemburg (1871–1919), Arbeiterführerin
Rosario
Siedlung;
Argentinien
span.;
Rosenkranz
Roskilde
Siedlung;
Dänemark
dän.;
Quelle des König Hroar
Rossinsel
Antarktis
engl.;
nach James Clark Ross (1800–1862), Polarforscher
Rotterdam
Siedlung;
Niederlande
ndl.;
Damm am Fluß Rotte
Roxas
Siedlung;
Philippinen
span.;
nach Manuel Roxas (1892–1948), phil. Politiker
Royale, Isle
Insel;
USA
frz.;
Königliche Insel
Ruapehu
Berg;
Neuseeland
Maori;
Donnernder Abgrund
Rub al-Khali
Landschaft;
Arabische Halbinsel
arab.;
Leeres Viertel
Ruda
Siedlung;
Polen
poln.;
Erz
Rudnaja Pristan
Siedlung;
UdSSR
russ.;
Erzhafen

Rudny
Siedlung;
UdSSR
russ.;
von Erz, erzen
Rudolfinsel
UdSSR
dt.;
nach Rudolf (1858–1889), österr. Kronprinz
Rumänien
Staat;
Europa
Land der Rumänen (= Leute, die eine roman. Sprache sprechen)
Rupert
Fluß;
Kanada
engl.;
nach Prinz Rupert, einem Gründer der Hudson's Bay Company
Rushan
Siedlung;
China
chin.;
Milchberg
Russanowbucht
UdSSR
russ.;
nach Wladimir Alexandrowitsch Russanow (1875–1913), Polarforscher
Russische SFSR
UdSSR
die SFSR der Russen,
nach dem im 9. Jh. in Westeuropa bekanntgewordenen Volk der Rus o. Rhos, vermutlich mit dem am Dnepr lebenden Stamm, Rod u. dem Fluß Ras in Zusammenhang stehend
Russki Ostrow
Insel;
UdSSR
russ.;
Russische Insel
Rwanda
Staat;
Afrika
Bantu;
nach dem Volk der Rwanda
Rylsk
Siedlung;
UdSSR
russ.;
Ort am Ryl (= Wühlen)

S

Saaremaa
Insel;
UdSSR
estn.;
Inselland
Sabinas
Siedlung;
Mexiko
span.;
Sadebäume
Sabirabad
Siedlung;
UdSSR
aserbaidshan.;
Stadt des Sabir/Mirsa Alekper Taïrsade (1862–1911), Dichter
Sable
Insel;
Kanada
frz.;
Sand
Sabrinaküste
Antarktis
eng.;
nach der Sabrina, dem Begleit-

schiff bei Ballenys Expedition (1839)

Sachalin
Insel;
UdSSR
mandschur.;
nach dem Namen des Amur Sachalin-Vla (= Schwarzer Fluß)

Sacramento
Fluß;
USA
span.;
Sakrament

Safi
Siedlung;
Marokko
arab.;
Klar, rein

Safid Rud
Fluß;
Iran
pers.;
Weißer Fluß

Sagar
Siedlung;
Indien
Hindi;
See

Saginaw
Siedlung;
USA
indian.;
Land der Sauk (Indianerstamm)

Sagorsk
Siedlung;
UdSSR
russ.;
nach Wladimir Michailowitsch Sagorski (1883–1919), Arbeiterführer

Sahara
Landschaft;
Afrika
arab.;
Wüste, wüste Fläche

Saharanpur
Siedlung;
Indien
Hindi;
Stadt des Shah Haran Chistiti (islam. Heiliger)

Sahel
Landschaft;
Westafrika
arab.;
Im Küstenbereich liegend

Sainschand
Siedlung;
Mongolei
mongol.;
Guter Brunnen

Saint-Affrique
Siedlung;
Frankreich
frz.;
Heiliger Africanus

Saint Albans
Siedlung;
Großbritannien
engl.;
nach dem Heiligen Alban

Saint Augustine
Siedlung;
USA
engl.;
Heiliger Augustinus

Saint-Barthélemy
Insel;
Guadeloupe (frz.)
frz.;
Heiliger Bartholomäus

Saint-Brieuc
Siedlung;
Frankreich
frz.;
Heiliger Briocus

Saint Catharines
Siedlung;
Kanada
engl.;
nach Catharine Hamilton
Saint Christopher s. Saint Kitts
Saint Clair
Fluß;
Kanada/USA
frz.;
Heilige Klara
Saint-Claude
Siedlung;
Frankreich
frz.;
Heiliger Claudius
Saint Croix
Insel;
Jungferninseln der USA
frz.;
Heiliges Kreuz
Saint-Denis
Siedlung;
Réunion (frz.)
frz.;
Heiliger Dionysius
Saint-Dié
Siedlung;
Frankreich
frz.;
nach dem Heiligen Deodatus
Saint-Etienne
Siedlung;
Frankreich
frz.;
Heiliger Stephanus
Saint George's
Siedlung;
Grenada
engl.;
nach dem Heiligen Georg
Saint Helier
Siedlung;
Großbritannien,
Kanalinseln
frz.;
Heiliger Helerous
Saint-Imier
Siedlung;
Schweiz
frz.;
Heiliger Himerius
Saint John's
Siedlung;
Kanada
engl.;
nach Johannes dem Täufer
Saint Kitts
Insel;
St. Kitts u. Nevis
engl.;
Abkürzung von Saint Christopher, nach dem Heiligen Christopherus von Christoph Kolumbus benannt (1493)
Saint-Lô
Siedlung;
Frankreich
frz.;
Heiliger Laudo
Saint Louis
Siedlung;
USA
frz.;
nach dem heiliggesprochenen Louis IX. (1215–1270), König von Frankreich
Saint Lucia
Staat;
Mittelamerika
engl.;
Heilige Lucia
Saint-Malo
Siedlung;
Frankreich
frz.;
nach dem Heiligen Maclou (walis. Mönch)

Saint-Omer
Siedlung;
Frankreich
frz.;
Heiliger Audomar
Saint Paul
Siedlung;
USA
engl.;
Heiliger Paulus
Saint Peter Port
Siedlung;
Großbritannien, Kanalinseln
engl.;
Hafen des Heiligen Petrus
Saint-Pierre
Insel;
Saint-Pierre u. Miquelon (frz.)
frz.;
Heiliger Petrus
Saint-Quentin
Siedlung;
Frankreich
frz.;
Heiliger Quintinus
Saint-Tropez
Siedlung;
Frankreich
frz.;
Heiliger Euthropius
Saint Vincent
Staat;
Mittelamerika
engl.;
Heiliger Vinzenz
Saissansee
UdSSR
kalmück.;
von Djaissan Nor
= Edler See
Sajak
Siedlung;
UdSSR
kasach.;
Einzeln
Sakarya
Fluß;
Türkei
türk.;
Gelber Fluß
Sakmara
Fluß;
UdSSR
Turkspr.;
Steppenwege
Salado, Río
Fluß;
Argentinien
span.;
Salziger Fluß
Salawat
Siedlung;
UdSSR
baschkir.;
nach Salawat Julajew
(1752–1800),
Dichter
Sala y Gómez
Insel;
Chile
span.;
nach Sala y Gómez,
dem Entdecker (1793)
Salechard
Siedlung;
UdSSR
nenz.;
Ort am Kap
Salem
Siedlung;
USA
hebr.;
von Shalom = Frieden
Salinas
Siedlung;
USA
span.;
Salinen

Saljany
Siedlung;
UdSSR
arab.;
Sandort
Salmon
Fluß;
USA
engl.;
Lachs
Salomonen
Staat;
Ozeanien
span.
nach König Salomo vom Entdecker Alvaro de Medaña benannt (1567)
Saloniki s. Thessaloníki
Salt Lake City
Siedlung;
USA
engl.;
Salzseestadt
Salto
Siedlung;
Uruguay
span.;
Wasserfall
Salvador
Siedlung;
Brasilien
port.;
Erlöser
Salween
Fluß;
Burma
tibet.;
Blauer Fluß
Samara
Fluß;
UdSSR
tat.;
Ochsenjoch
Sambesi
Fluß;
Afrika
Bantu;
Großer Fluß
Sámos
Insel;
Griechenland
grch.;
Höhe
Samotlor
See;
UdSSR
chant.;
See, der eine Falle ist
San Antonio
Siedlung;
USA
span.;
Heiliger Antonius
San Bernardino
Siedlung;
USA
span.;
Heiliger Bernhardin
San Blas
Siedlung;
Panama
span.;
Heiliger Blasius
San Carlos
Siedlung;
Venezuela
span.;
Heiliger Karl
San Cristóbal
Siedlung;
Venezuela
span.;
Heiliger Christophorus
Sancti Spíritus
Siedlung;
Kuba
span.;
Ort des Heiligen Geistes

Sandanski
Siedlung;
Bulgarien
maked.;
nach Jane Sandanski
(1872–1915), Revolutionär

San Diego
Siedlung;
USA
span.;
Heiliger Jakobus

Sandusky
Siedlung;
USA
indian.;
Reines Wasser

Sandviken
Siedlung;
Schweden
schwed.;
Die Sandbucht

Sandžak
Landschaft;
Jugoslawien
türk.;
Banner, Fahne, Gebiet

San Felipe
Siedlung;
Chile
span.;
Heiliger Philippus

San Fernando
Siedlung;
Spanien
span.;
nach Fernando VII.
(1784–1833), König von
Spanien

San Fernando
Siedlung;
Trinidad u. Tobago
span.;
nach Fernando II.
(1452–1516), König von
Aragón

San Francisco
Siedlung;
USA
span.;
Heiliger Franziskus

Sangre-de-Cristo-Gebirge
USA
span.;
Blut-Christi-Gebirge

San-Jorge-Golf
Argentinien
span.;
Heiliger-Georg-Golf

San Jose
Siedlung;
USA
span.;
Heiliger Joseph

San Juan
Siedlung;
Puerto Rico (US-am.)
span.;
Heiliger Johannes

Sankt Helena
Insel;
(brit.)
port.;
von João de Nova
am Tag der Heiligen
Helena (22. 5. 1502)
entdeckt

San Luis
Siedlung;
Argentinien
span.;
nach dem Gouverneur
von Chile Luis de Jufré,
dem Gründer
(1594)

San-Matías-Golf
Argentinien
span.;
Heiliger-Matthias-Golf

San Marino
Staat;
Europa
ital.;
nach einem Eremiten Marinus (4. Jh.)

San Martín
Provinz;
Peru
span.;
nach José de San Martín (1778–1850), Führer im Unabhängigkeitskampf Südamerikas

Sanmenxia
Siedlung;
China
chin.;
Drei-Tore-Schlucht

San Miguel
Siedlung;
El Salvador
span.;
Heiliger Michael

San Nicolás de los Arroyos
Siedlung;
Argentinien
span.;
Heiliger Nikolaus der Bäche

Sannikowstraße
UdSSR
russ.;
nach Jakow Sannikow, Forscher (Anfang 19. Jh.)

San Salvador
Siedlung;
El Salvador
span.;
Heiliger Erlöser

San Sebastián
Siedlung;
Spanien
span.;
Heiliger Sebastian

San Severo
Siedlung;
Italien
ital.;
Heiliger Severin

Santa Barbara
Siedlung;
USA
span.;
Heilige Barbara

Santa Catarina
Gliedstaat;
Brasilien
port.;
Heilige Katharina

Santa Clara
Siedlung;
Kuba
span.;
Heilige Klara

Santa Cruz
Siedlung;
Bolivien
span.;
Heiliges Kreuz

Santo Domingo
Siedlung;
Dominikan. Republik
span.;
Heiliger Dominikus

Santa Fe
Siedlung;
Argentinien
span.;
Heiliger Glaube

Santa Maria
Siedlung;
Brasilien
port.;
Heilige Maria

Santiago
Siedlung;
Chile
span.;
Heiliger Jakob

Santos
Siedlung;
Brasilien
port.;
Die Heiligen
Santos Dumont
Siedlung;
Brasilien
port.;
nach Alberto Santos Dumont (1873–1932), bras. Flugpionier
São Carlos
Siedlung;
Brasilien
port.;
Heiliger Karl
São Francisco
Fluß;
Brasilien
port.;
Heiliger Franziskus
São Jorge
Insel;
Portugal, Azoren
port.;
Heiliger Georg
São José dos Campos
Siedlung;
Brasilien
port.;
Heiliger Joseph der Felder
São Luís
Siedlung;
Brasilien
port.;
nach Louis XIII. (1601–1643), König von Frankreich
São Miguel
Insel;
Portugal, Azoren
port.;
Heiliger Michael
Saône
Fluß;
Frankreich
kelt.;
Ruhiger Fluß
São Nicolau
Insel;
Kapverden
port.;
Heiliger Nikolaus
São Paulo
Siedlung;
Brasilien
port.;
Heiliger Paulus
São Tiago
Insel;
Kapverden
port.;
Heiliger Jakobus
São Tomé
Insel;
São Tomé u. Príncipe
port.;
am Tag des Heiligen Thomas entdeckt (21. 12. 1470)
São Vicente
Insel;
Kapverden
port.;
Heiliger Vinzenz
Saporoshje
Siedlung;
UdSSR
ukr.;
Jenseits der Stromschnellen
Sarajevo
Siedlung;
Jugoslawien
serbokr.;
Ort des Palastes, Serail
Saran
Siedlung;
UdSSR
kasach.;
v. Soran = Kegelförmiger Berg

Saransk
Siedlung;
UdSSR
finnougr.;
Sumpf
Sarapul
Siedlung;
UdSSR
udmurt.;
Gelber Fisch
Saratow
Siedlung;
UdSSR
tat.;
von Sary-Tau = Gelber Berg
Sarayköy
Siedlung;
Türkei
türk.;
Schloßdorf
Saretschny
Siedlung;
UdSSR
russ.;
Jenseits des Flusses
Sargassomeer
Atlantischer Ozean
port.;
von Sargaço = Tang
Sarıkamış
Siedlung;
Türkei
türk.;
Gelbes Schilf
Sarıkaya
Siedlung;
Türkei
türk.;
Gelber Felsen
Sarmiento
Siedlung;
Argentinien
span.;
nach Domingo Faustino Sarmiento (1811–1888), arg. Präsident u. Schriftsteller
Šar Planina
Gebirge;
Jugoslawien
serbokr.;
Buntes Gebirge
Saryagatsch
Siedlung;
UdSSR
Turkspr.;
Gelber Baum
Sary-Arka
Landschaft;
UdSSR
Turkspr.;
Gelber Rücken
Sary-Ischikotrau
Landschaft;
UdSSR
kasach.;
Gelbes zertaltes Ufer
Sarykamyschsee
UdSSR
Turkspr.;
Gelber-Schilf-See
Sarykol
Gebirge;
UdSSR
Turkspr.;
Gelber See
Sarykopa
See;
UdSSR
kasach.;
Gelber Sumpf
Saryssu
Fluß;
UdSSR
Turkspr.;
Gelbes Wasser
Sarytschew
Berg;
UdSSR

russ.;
nach Gawriïl Andrejewitsch Sarytschew (1763–1831), Seefahrer

Saskatchewan
Fluß;
Kanada
indian.;
Schneller Fluß

Sassykkol
See;
UdSSR
kasach.;
Fauler See

Satara
Siedlung;
Indien
Marathi;
Siebzehn (weil die Festung 17 Wälle hatte)

Satpura
Gebirge;
Indien
Hindi;
Sieben Falten

Satu Mare
Siedlung;
Rumänien
rumän.;
Großes Dorf

Saudi-Arabien
Staat;
Asien
arab.;
nach Ibn Saud (1880–1953), Begründer des Königreichs

Saulkrasti
Siedlung;
UdSSR
lett.;
Sonnenküste

Sault Sainte Marie
Siedlung;
Kanada/USA
frz.;
Stromschnellen der Heiligen Maria

Savannah
Siedlung;
USA
span.;
von Sabana = Savanne

Savonlinna
Siedlung;
Finnland
finn.;
Burg in der Landschaft Savo

Sawatchgebirge
USA
indian.;
Blauerde-Quellen-Gebirge

Sawolshsk
Siedlung;
UdSSR
russ.;
Jenseits der Wolga

Sawtoothgebirge
USA
engl.;
Sägezahngebirge

Scarborough
Siedlung;
Großbritannien
germ.;
nach dem Wikinger Skarthi (= Hasenscharte), dem vermutlichen Gründer

Schachrissabs
Siedlung;
UdSSR
tadshik.;
Grüne Stadt

Schachtjorsk
Siedlung;
UdSSR
russ.;
Ort des Bergmanns

SCH

Schalkar
See;
UdSSR
kasach.;
Unübersehbarer See

Schantarinseln
UdSSR
niwch.;
Insel

Scharki, Al-Djabal asch-
Gebirge;
Syrien
arab.;
Ostgebirge

Schatt al-Arab
Fluß;
Irak/Iran
arab.;
Fluß der Araber

Schelechow
Siedlung;
UdSSR
russ.;
nach Grigorij Iwanowitsch Schelechow/Schelichow (1747–1795), Kaufmann

Schelichowbucht
UdSSR
russ.;
nach Grigorij Iwanowitsch Schelechow/Schelichow (1747–1795), Kaufmann

Schenectedy
Siedlung;
USA
indian.;
Die andere Seite des Fichtenlandes

Schewtschenko
Siedlung;
UdSSR
ukr.;
nach Taras Grigorjewitsch Schewtschenko (1814–1861), Dichter

Schiderty
Fluß;
UdSSR
kasach.;
von Schider = Fußfesseln (zum Pferdekoppeln)

Schikotan
Insel;
UdSSR
Ainu;
Beste Stelle

Schiliin Bogd
Berg;
Mongolei
mongol.;
Bergiger Heiliger, Heiliger auf dem Berge

Schilka
Fluß;
UdSSR
ewenk.;
Breiter Fluß

Schmidtinsel
UdSSR
russ.;
nach Otto Juljewitsch Schmidt (1891–1956) sowj. Wissenschaftler

Schokalskistraße
UdSSR
russ.;
nach Julij Michailowitsch Schokalski (1856–1940), sowj. Ozeanograph

Schottland
Landesteil;
Großbritannien
kelt.;
Land der Schotten/Skoten = Wanderer

Schtschors
Siedlung;
UdSSR

ukr.;
nach Nikolai Alexandrowitsch Schtschors (1895–1919), Held des Bürgerkrieges

Schtschutschje Osero
Siedlung;
UdSSR
russ.;
Hechtsee

Schuja
Siedlung;
UdSSR, Gebiet Iwanowo
altslaw.;
Linker Arm

Schweden s. Sverige

Scillyinseln
Großbritannien
kelt.;
vermutlich von Sceilig = Felsen

Scoresbysund
Dänemark, Grönland
engl.;
nach William Scoresby (1789–1857), Forscher

Scottinsel
Antarktis
engl.;
nach Robert Falcon Scott (1868–1912), Polarforscher

Seahorse
Kap;
Kanada
engl.;
Walroß

Seattle
Siedlung;
USA
indian.;
nach Seath, einem Häuptling der Suquamish-Indianer

Sedowinseln
UdSSR
russ.;
nach Georgi Jakowlewitsch Sedow (1877–1914), Polarforscher

Segundo, Río
Fluß;
Argentinien
span.;
Zweiter Fluß

Seine
Fluß;
Frankreich
kelt.;
vielleicht Ruhiger Fluß

Seja
Fluß;
UdSSR
ewenk.;
vermutlich von Djee = Klinge, Schneide

Selemdsha
Fluß
UdSSR
ewenk.;
von Seleme = Eisen

Selenga
Fluß;
Mongolei/UdSSR
mongol.;
vermutlich Tau, Speichel

Selenograd
Siedlung;
UdSSR
russ.;
Grünstadt

Seligersee
UdSSR
finn. o. weps.;
von Selgjarv = Sauberer, klarer See, von Selajarv = See, auf der Wasserscheide oder von Särgen = zersägen, zerschneiden (See mit vielen Buchten)

Seljony, Ostrow
Insel;
UdSSR
russ.;
Grüne Insel
Selvagens, Ilhas
Inseln;
Portugal, Madeira
port.;
Wilde Inseln
Selvas
Landschaft;
Brasilien
port.;
Wälder
Semiluki
Siedlung;
UdSSR
russ.;
Sieben Windungen
Semipalatinsk
Siedlung;
UdSSR
russ.;
Ort der sieben Gebäude
Semjonowgletscher
UdSSR
russ.;
nach Pjotr Petrowitsch Semjonow-Tjan-Schanski (1827–1914), Geograph
Senegal
Fluß;
Westafrika
port.;
nach dem Berbervolksstamm der Senega oder Canaga
Sept-Îles
Siedlung;
Kanada
frz.;
Sieben Inseln
Serafimowitsch
Siedlung;
UdSSR
russ.;
nach Alexander Serafim (1863–1949), Schriftsteller
Serawschan
Fluß;
UdSSR
tadshik.;
Goldstreuer
Serbien
Sozialistische Republik;
Jugoslawien
slaw.;
Land der Serben, v. Srb = Volk
Serebrjanyje Prudy
Siedlung;
UdSSR
russ.;
Silberteiche
Sergej-Kirow-Inseln
UdSSR
russ.;
n. Sergej Mironowitsch Kirow (1886–1934), sowj. Politiker
Sernograd
Siedlung;
UdSSR
russ.;
Getreidestadt
Serow
Siedlung;
UdSSR
russ.;
nach Anatolij Konstantinowitsch Serow (1910–1939), Held der Sowjetunion
Serra da Estrêla
Gebirge;
Portugal
port.;
Sterngebirge
Sete Lagoas
Siedlung;

Brasilien
port.;
Sieben Seen

Sevilla
Siedlung;
Spanien
phön.;
Niederung

Sewansee
UdSSR
armen.;
von Sew-Wank = Schwarzes Kloster

Sewardhalbinsel
USA, Alaska
engl.;
nach William Henry Seward (1801–1872), US-am. Politiker

Sewastopol
Siedlung;
UdSSR
grch.;
Erhabene Stadt

Sewernaja Semlja
Inseln;
UdSSR
russ.;
Nordland

Seychellen
Staat;
Afrika
frz.;
nach Herault de Seychelles, Finanzminister bei Louis XV. 1756 benannt

Sfîntu Georghe
Siedlung;
Rumänien
rumän.;
Heiliger Georg

's-Gravenhage
Siedlung;
Niederlande
ndl.;
Des Grafen Gehege

Shahjahanpur
Siedlung;
Indien
Hindi;
Stadt des Shah Jahan (1592–1666), indischer Großmogul

Shackleton-Schelfeis
Antarktis
engl.;
nach Ernest Henry Shackleton (1874–1922), Polarforscher

Shandong
Provinz;
China
chin.;
Östlich des Gebirges

Shanghai
Siedlung;
China
chin.;
Über dem Meer

Shanhaiguan
Siedlung;
China
chin.;
Schranke zwischen Berg und Meer

Shanxi
Provinz;
China
chin.;
Westlich des Gebirges

Shashi
Siedlung;
China
chin.;
Sandstadt

Shawinigan
Siedlung;
Kanada
indian.;
Felsrücken

Shdanow
Siedlung;
UdSSR
russ.;
nach Andrej Alexandrowitsch Shdanow (1896–1948), sowj. Politiker

Sheboygan
Siedlung;
USA
indian.;
Wind

Sheffield
Siedlung;
Großbritannien
engl.;
Feld am Fluß Sheaf

Shelesnodoroshny
Siedlung;
UdSSR
russ.;
Eisenbahnort

Shelesnogorsk
Siedlung;
UdSSR
russ.;
Eisenbergort

Shelikofstraße
USA, Alaska
russ.;
nach Grigorij Iwanowitsch Schelichow (1747–1795), Seefahrer

Shenyang
Siedlung;
China
chin.;
Nördlich des Flusses Shen (heute Hunhe)

Sherbrooke
Siedlung;
Kanada
engl.;
nach John Sherbrooke, Generalgouverneur von Kanada

's-Hertogenbosch
Siedlung;
Niederlande
ndl.;
Des Herzogs Wald

Shetlandinseln
Großbritannien
altnord.;
vermutlich von Het = Basalt; Basaltland

Shijiazhuang
Siedlung;
China
chin.;
Steinhausort

Shikoku
Insel;
Japan
jap.;
Vier Provinzen

Shimian
Siedlung;
China
chin.;
Asbest

Shochowinsel
UdSSR
russ.;
nach A. Shochow, Teilnehmer der Expedition, bei der die Insel 1914 entdeckt wurde

Shreveport
Siedlung;
USA
engl.;
Hafen des Henry Miller Shreve (1785–1851), Pionier der Flußdampfschiffahrt

Shrewsbury
Siedlung;
Großbritannien
altengl.;
v. Scrobesbyrig = Strauchburg

Shuangfeng
Siedlung;
China
chin.;
Doppelgipfel
Shuangyashan
Siedlung;
China
chin.;
Zwei-Enten-Berg
Shwebo
Siedlung;
Burma
burmes.;
Stadt des Goldenen Führers
Sibirien
Landschaft;
UdSSR
Herkunft unklar;
vermutlich nach einem tat. Volksstamm der Sywyr o. Sybyr (soll am Mittellauf des Irtysch gelebt haben)
Sibirjakowinsel
UdSSR
russ.;
nach Alexandr Mihailowitsch Sibirjakow (1849–1893), Forscher
Sichote-Alin
Gebirge;
UdSSR
nana.;
von Sikte-Alin = Nadelbaumgebirge
Sichuan
Provinz;
China
chin.;
Vier Flüsse
Sidi Bel Abbas
Siedlung;
Algerien
arab.;
nach Sidi Bel Abbas, einem islam. Heiligen, dessen Grab sich hier befindet
Sidney
Siedlung;
USA
engl.;
nach Philip Sidney (1554–1586), Dichter
Sierra Leone
Staat;
Afrika
span.;
Löwengebirge
Sierra Madre
Gebirge;
Mexiko
span.;
Mutter-(Gottes-)Gebirge
Sierra Morena
Gebirge;
Spanien
span.;
Dunkles Gebirge
Sierra Nevada
Gebirge;
USA
span.;
Schneegebirge
Sikkim
Gliedstaat;
Indien
Tseng;
von Sukkim = Neues o. glückliches Haus
Silver Spring
Siedlung;
USA
engl.;
Silberquelle
Simcoe
Siedlung;
Kanada
engl.;

nach John Graves Simcoe (1752–1806), Gouverneur von Oberkanada

Simferopol
Siedlung;
UdSSR
grch.;
Glückliche Stadt

Simpsonwüste
Australien
engl.;
nach A. A. Simpson, Geograph

Simrisnamn
Siedlung;
Schweden
schwed.;
Hafen der Kimbern (germ. Volksstamm)

Singapur
Staat;
Asien
Sanskrit;
Löwenstadt

Sint Niklaas
Siedlung;
Belgien
ndl.;
Heiliger Nikolaus

Sioux City
Siedlung;
USA
engl.;
Stadt der Sioux

Sitapur
Siedlung;
Indien
Sanskrit;
Stadt der Sita (= Furche), der Frau von Rama in der Hindumythologie

Sivas
Siedlung;
Türkei
grch.;
von Sebastaia = die Erhabene

Sivrihisar
Siedlung;
Türkei
türk.;
Spitzes Schloß

Siwalik
Gebirge
Indien/Nepal
Sanskrit;
Zu Schiwa gehörend

Siwasch
See;
UdSSR
Turkspr.;
Fauler See

Skagen
Kap;
Dänemark
altgerm.;
Halbinsel, Landspitze

Skagway
Siedlung;
USA, Alaska
indian.;
Wohnort des Nordwindes

Skeena
Fluß;
Kanada
indian.;
Trennen

Skoworodino
Siedlung;
UdSSR
russ.;
nach A. N. Skoworodin (1920 von jap. Interventen erschossen), 1. Vorsitzender des Stadtsowjets

Slănčev Brjag
Kurort;
Bulgarien
bulg.;
Sonnenstrand

Slatoust
Siedlung;
UdSSR
russ.;
Der Beredte; nach einer Kirche, die Ioann Slatoust/ Ioánnes Chrysóstomos (344/54–407) gewidmet war
Slavonski Brod
Siedlung;
Jugoslawien
serbokr.;
Slawonische Furt
Slawgorod
Siedlung;
UdSSR
slaw.;
Slawenstadt
Sliven
Siedlung;
Bulgarien
bulg.;
vermutlich von Sliva = Pflaume
Slovenské Nové Město
Siedlung;
ČSSR
slowak.;
Slowakische Neustadt
Småland
Landschaft;
Schweden
schwed.;
Kleines Land
Smeïnogorsk
Siedlung;
UdSSR
russ.;
Ort am Schlangenberg
Smeïny Ostrow
Insel;
UdSSR
russ.;
Schlangeninsel
Smiltene
Siedlung;
UdSSR
lett.;
Sandig
Smithsund
Meeresstraße;
Kanada
engl.;
nach Thomas Smythe/Smith (1558–1625), Förderer von Polarfahrten
Smoky Hills
Gebirge;
USA
engl.;
Rauchende Hügel
Smolensk
Siedlung;
UdSSR
russ.;
von Smola = Harz; Ort, an dem Harz verarbeitet wurde
Smrk
Berg;
ČSSR
tschech.;
Fichte
Snake
Fluß;
USA
engl.;
Schlange
Sneshnogorsk
Siedlung;
UdSSR
russ.;
Ort am Schneeberg
Snøhätta
Berg;
Norwegen
norw.;
Schneekappe

Snowdon
Berg;
Großbritannien
engl.;
Schneeberg

Socorro
Insel;
Mexiko
span.;
Hilfe

Söderhamn
Siedlung;
Schweden
schwed.;
Südhafen

Sofia
Siedlung;
Bulgarien
grch.;
nach der Heiligen Sophia (= Weisheit), der die Hauptkirche geweiht ist

Sognefjord
Bucht;
Norwegen
norw.;
Pfarrfjord

Sokol
Siedlung;
UdSSR
russ.;
Falke

Sokotra
Insel;
VDR Jemen
Sanskrit;
von Sakhadara = Ort des Glückes

Sol, Costa del
Landschaft;
Spanien
span.;
Sonnenküste

Solikamsk
Siedlung;
UdSSR
russ.;
Salzort an der Kama

Solwytschegodsk
Siedlung;
UdSSR
russ.;
Salzort an der Wytschegda

Sønderborg
Siedlung;
Dänemark
dän.;
Südliche Burg

Song Cuu Long
Fluß;
Vietnam
vietnames.;
Neun-Drachen-Fluß (Mekong)

Song Da
Fluß;
Vietnam
vietnames.;
Schwarzer Fluß

Song Hong
Fluß;
Vietnam
vietnames.;
Roter Fluß

Songhua
Fluß;
China
mandschur.;
Milchfluß

Song Huong
Fluß;
Vietnam
vietnames.;
Duftfluß

Song Ma
Fluß;
Vietnam
vietnames.;
Pferdefluß

Sonora
Gliedstaat;
Mexiko
span.;
Wohlklingend

Soroki
Siedlung;
UdSSR
moldau.;
Armer Mensch

Sosnowy Bor
Siedlung;
UdSSR
russ.;
Kiefernwald

Soswa
Fluß;
UdSSR
Komi;
Arm eines Flusses

Sòul
Siedlung;
Korea
korean.;
Große Stadt, Hauptstadt

Southamptoninsel
Kanada
engl.;
nach Henry Wriothesley 3. Earl of Southampton (1573–1624)

South Bend
Siedlung;
USA
engl.;
Südliche Flußbiegung

Soutpansberg
Berg;
Südafrika
afrikaans;
Salzpfannenberg

Sowjetabad
Siedlung;
UdSSR
tadshik.;
Sowjetstadt

Sowjetskaja Gawan
Siedlung;
UdSSR
russ.;
Sowjetischer Hafen

Sozopol
Siedlung;
Bulgarien
grch.;
Heile, sichere Stadt

Spafarijinsel
UdSSR
russ.;
n. Nikolai Gawrilowitsch Spafarij (1636–1708), Diplomat

Spanien
Staat;
Europa
phön.;
vermutlich von Spania
= Kaninchenküste

Spencergolf
Australien
engl.;
nach dem Earl Spencer, 1. Lord der brit. Admiralität (1794–1801)

Spitak
Siedlung;
UdSSR
armen.;
Weiß

Spokane
Siedlung;
USA
indian.;
nach den Spokan, einem Stamm der Salish-Indianer

Sporaden
Inseln;
Griechenland
grch.;
Zerstreut liegend

Springfield
Siedlung;
USA
engl.;
Quellenfeld
Spruce Knob
Berg;
USA
engl.;
Tannenberg
Squaw Valley
Siedlung;
USA
engl.;
Tal der Indianerfrau
Sredna Gora
Gebirge;
Bulgarien
bulg.;
Mittelgebirge
Srednëuralsk
Siedlung;
UdSSR
russ.;
Ort im mittleren Ural
Srinagar
Siedlung;
Indien
Kaschmiri;
Heilige Stadt
Staateninsel
Argentinien
ndl.;
nach den Generalstaaten der Niederlande von den Entdeckern benannt (17. Jh.)
Stalowa Wola
Siedlung;
Polen
poln.;
Stählerner Wille
Stanke Dimitrov
Siedlung;
Bulgarien
bulg.;
nach Stanke/Stefan Dimitrov-Marek (1889–1944), Arbeiterführer
Stanowoigebirge
UdSSR
russ.;
Gebirge, das zum Anhalten zwang
Stara Planina
Gebirge;
Bulgarien
bulg.;
Altes Gebirge
Starbuck
Insel;
Kiribati
engl.;
nach Valentine Starbuck, dem Entdecker (1823)
Stargard
Siedlung;
Polen
poln.;
Altstadt
Starokadomski-Insel
UdSSR
russ.;
nach Leonid Michailowitsch Starokadomski (1875–1962), sowj. Polarforscher
Stawropol
Siedlung;
UdSSR
grch.;
Kreuzstadt
Stefan Karadža
Siedlung;
Bulgarien
bulg.;
nach Stefan Karadža (1840/42–1868), Freiheitskämpfer

Stefanssoninsel
Kanada
isl.;
nach Vilhjalmur Stefansson (1879–1962), Polarforscher

Stepanakert
Siedlung;
UdSSR
armen.;
nach Stepan Georgijewitsch Schaumjan (1878–1918), Arbeiterführer

Sterlitamak
Siedlung;
UdSSR
baschkir.;
Mündung des Flusses Sterli

Steubenville
Siedlung;
USA
dt.;
nach Friedrich Wilhelm von Steuben (1730–1794), preuß. Militär u. Offizier des US-am. Bundesheeres

Stewartinsel
Neuseeland
engl.;
nach William Stewart, der die Insel erforschte (1809)

Stirlinggebirge
Australien
engl.;
nach James Stirling, 1. Gouverneur von Westaustralien

Stockholm
Siedlung;
Schweden
schwed.;
Insel im Stocksund

Stockton
Siedlung;
USA
engl.;
nach Robert Field Stockton (1795–1866), US-amerikanischer Offizier und Politiker

Stolbowoi Ostrow
Insel;
UdSSR
russ.;
Pfosteninsel

Stolica
Berg;
ČSSR
slowak.;
Stuhl

Storfjorden
Meeresstraße;
Svalbard (norw.)
norw.;
Der große Fjord

Storsjön
See;
Schweden
schwed.;
Der große See

Stratford-upon-Avon
Siedlung;
Großbritannien
engl.;
Straßenfurt am Avon

Strathclyde
Grafschaft;
Großbritannien
kelt.;
Tal des Clyde

Stromboli
Insel;
Italien
grch.;
von Strongýlos = Rund

Sturgeon Falls
Siedlung;
USA
engl.;
Stör-Wasserfälle

Sturtwüste
Australien
engl.;
nach Charles Sturt (1795–1869), Forscher

Suchbaatar
Siedlung;
Mongolei
mongol.;
nach Damdin Suchbaatar/Suche-Bator (1893–1923), Staatsmann

Suchoi Log
Siedlung;
UdSSR
russ.;
Trockene Schlucht

Suchoi Nos
Kap;
UdSSR
russ.;
Trockenes Kap

Suchona
Fluß;
UdSSR
russ.;
Trocken, wenig wasserführend

Suchumi
Siedlung;
UdSSR
georg.;
Sandwasser

Sucre
Siedlung;
Bolivien
span.;
nach Antonio José de Sucre (1795–1830), Führer des lateinam. Unabhängigkeitskampfes

Sudan
Staat;
Afrika
arab.;
von Bilad as-Sudan = Land der Schwarzen

Suffolk
Grafschaft;
Großbritannien
angelsächs.;
von South Folk = Südvolk (im Gegensatz zu North Folk/Norfolk)

Sukabumi
Siedlung;
Indonesien
indones.;
Freudige Gegend

Sulak
Fluß;
UdSSR
awar.;
Alle zusammen

Sumter
Siedlung;
USA
engl.;
nach Thomas Sumter (1734–1832), US-am. General im Unabhängigkeitskrieg

Sundaystraße
Meeresstraße;
Australien
engl.;
Sonntagsstraße

Sunderland
Siedlung;
Großbritannien
engl.;
Abgetrenntes Land

Suojärvi
Siedlung;
UdSSR
karel.;
Sumpfsee

Suolahti
Siedlung;
Finnland

finn.;
Sumpfbucht

Surchandarja
Fluß;
UdSSR
tadshik.;
Rötlicher Fluß

Surchob
Fluß;
UdSSR
tadshik.;
Rotes Wasser

Sussex
Grafschaft;
Großbritannien
altengl.;
Südsachsen

Suur-Munamägi
Berg;
UdSSR
estn.;
Großer Eiberg

Suwarrow/Suvorov
Insel;
Cookinseln (neus.)
russ.;
nach der Suworow,
dem Schiff mit dem Michael
Lasarew die Insel entdeckte
(1814)

Svalbard
Inseln;
(norw.)
altnord.;
Kühle Küste

Svartälven
Fluß;
Schweden
schwed.;
Der schwarze Fluß

Sverdrupinseln
Kanada
norw.;
nach Otto Sverdrup
(1854–1930), Polarforscher

Sverige
Staat;
Europa
schwed.;
von Svearike
= Reich der Svear
(germ. Volksstamm)

Swansey
Siedlung;
Großbritannien
altengl.;
von Sweyn'sey
= Insel des Sweyn,
eines engl.-dän. Königs
(987–1014)

Swerdlowsk
Siedlung;
UdSSR
russ.;
nach Jakow Mihailowitsch
Swerdlow (1885–1919),
sowjetischer
Staatsmann

Swetly
Siedlung;
UdSSR
russ.;
Hell, klar, leuchtend

Swift Current
Siedlung;
Kanada
engl.;
Schnelle Strömung

Świnoujście
Siedlung;
Polen
poln.;
Świnamündung

Swjatoi Nos
Kap;
UdSSR
russ.;
Heiliges Kap

Swobodny
Siedlung;
UdSSR
russ.;
Frei

Sydney
Siedlung;
Australien
engl.;
nach Thomas Townshend Sidney, brit. Minister (Ende 18. Jh.)

Syktywkar
Siedlung;
UdSSR
Komi;
Stadt an der Syktyw (Syssola)

Syrdarja
Fluß;
UdSSR
pers.;
Wasserreicher Fluß

Syrien
Staat;
Asien
von Assyrien

Syrjanowsk
Siedlung;
UdSSR
russ.;
nach G. G. Syrjanow, dem Entdecker der Erzlager (1791)

Syrte
Bucht;
Mittelmeer
semit. o. grch.;
vermutlich von Sert = Wüste o. Sirtis = Sandbank

Szarvas
Siedlung;
Ungarn
ung.;
Hirsch

Szczecin
Siedlung;
Polen
slaw.;
vermutlich Ort, wo Wasser zusammen fließt

Székesfehérvár
Siedlung;
Ungarn
ung.;
Stuhlweißenburg

Szigetvár
Siedlung;
Ungarn
ung.;
Inselburg

T

Tabasco
Gliedstaat;
Mexiko
indian.;
Feuchtes Land

Tábor
Siedlung;
ČSSR
tschech.;
Lager

Tabriz
Siedlung;
Iran
pers.;
Fieber vertreibend (auf die gesunde, hohe, Lage bezogen)

Tadmor/Tadmur
Siedlung;
Syrien
semit.;
Palmenort

Tädonggang
Fluß;
KDVR

korean.;
Fluß der großen Harmonie

Tadshikistan
SSR;
UdSSR
tadshik.;
Land der Tadshiken (nach ihrer Kopfbedeckung Tadsh), nennen sich selbst Todshik

Taganai
Gebirge;
UdSSR
Turkspr.;
Stütze des Mondes

Taganrog
Siedlung;
UdSSR
russ.;
Dreifußkap

Tahoe
See;
USA
indian.;
See

Taibei
Siedlung;
China
chin.;
Erhabener Norden

Taiga
Siedlung;
UdSSR
burjat.;
Dichter Nadelbergwald

Taiwan
Insel;
China
chin.;
Erhabene Bucht, Terrassenbucht

Taiyuan
Siedlung;
China
chin.;
Erhabene Quelle

Takht-i Sulaiman
Berg;
Pakistan
pers.;
Thron des Salomon

Taklimakan
Landschaft;
China
uigur.;
Hinein kann man, aber nicht hinaus.

Talas
Fluß;
UdSSR
kasach.;
Weide

Taldy-Kurgan
Siedlung;
UdSSR
kasach.;
Festung
beim Gebüsch
in der Steppe

Tallahassee
Siedlung;
USA
indian.;
Alte Stadt

Tallinn
Siedlung;
UdSSR
estn.;
Dänische Stadt

Taman
Halbinsel;
UdSSR
adyg.;
Sumpf

Tambow
Siedlung;
UdSSR
mordwin.;
Strudel

Tamil Nadu
Gliedstaat;
Indien
Tamil;
Land der Tamilen
Tammisaari
Siedlung;
Finnland
finn.;
Eicheninsel
Tanana
Fluß;
USA, Alaska
indian.;
Gebirgsfluß
Tanazruft
Landschaft;
Algerien
Berberspr.;
Land der Furcht
Tanganjika
See;
Afrika
Bantu;
Zusammentreffen, Sammlung (der Gewässer)
Tanger
Siedlung;
Marokko
phön.;
Hafen
Tang He
Fluß;
China
chin.;
Wilder, schneller Fluß
Tanjung Rata
Kap;
Indonesien
indones.;
Flaches Kap
Tannu Ola
Gebirge;
Mongolei/UdSSR
mongol.;
Palastgebirge
Tansania
Staat;
Afrika
Kurzform von Tanganjika u. Sansibar
Tara
Fluß;
UdSSR
chant./mans.;
Niederung, feuchtes Land
Tarabulus s. Tripolis
Tarbagatai
Gebirge;
China/UdSSR
mongol.;
von Tarwaga = Murmeltier
Tarija
Siedlung;
Bolivien
span.;
nach Francisco de Tarija dem ersten Spanier in dieser Gegend (Anfang 16. Jh.)
Tarim
Fluß;
China
mongol.;
von Taria = Getreide
Taschaus
Siedlung;
UdSSR
turkmen.;
von Dasch-Haus = Steinernes Wasserreservoir
Taschkent
Siedlung;
UdSSR
usbek.;
Steinerne Stadt
Tasch-Kumyr
Siedlung;
UdSSR

kirgis.;
Steinkohle
Taşköprü
Siedlung;
Türkei
türk.;
Steinbrücke
Tasmanien
Gliedstaat;
Australien
ndl.;
nach Abel Janszoon Tasman
(1603–1659), Seefahrer
Tatarische ASSR
UdSSR
Land der Tataren
(vermutlich = Volk)
Tauposee
Neuseeland
Maori;
Mantelsee
Tauragė
Siedlung;
UdSSR
lit.;
von Tauras = Auerochse
Taurus
Gebirge;
Türkei
aram.;
von Tor, Tur = Gebirge,
Berg
Tawda
Fluß;
UdSSR
mans.;
von Tawt = Brandstelle
Tbilissi
Siedlung;
UdSSR
georg.;
Warmer Brunnen
Techirghiol
Siedlung;
Rumänien
türk.;
Grauschwarzer See
Teesside
Siedlung;
Großbritannien
engl.;
Ufer des Tees
Tegucigalpa
Siedlung;
Honduras
indian.;
von Teguz Galpa
= Silberberg
Teheran
Siedlung;
Iran
altpers.;
vermutlich Warmer Ort
Tehuantepec
Siedlung;
Mexiko
indian.;
Raubtierberge
Tekeli
Siedlung;
UdSSR
kasach.;
Ziegentränke
Tekeze
Fluß;
Äthiopien
amhar.;
Der Schreckliche
Telawi
Siedlung;
UdSSR
georg.;
von Tela = Ulme
Tel Aviv
Siedlung;
Israel
hebr.;
Quellenhügel

Telpossis
Berg;
UdSSR
Komi;
von Telpos-Is = Windberg
Telukbetung
Siedlung;
Indonesien
indones.;
Bambusbucht
Temirtau
Siedlung;
UdSSR
kasach.;
Eisenberg
Tenere
Landschaft;
Niger
Berbersp.;
Das Land da draußen
Tengis
See;
UdSSR
kasach.;
Meer, großer See
Tengrinor
See;
China
mongol.;
Himmelssee
Teotihuacán
Ruinenstätte;
Mexiko
aztek.;
Wo man zum Gott wird
Tepla
Fluß;
ČSSR
tschech.;
Die Warme
Terceira
Insel
Portugal, Azoren
port.;
Die Dritte
Tercero, Río
Fluß;
Argentinien
span.;
Dritter Fluß
Teresina
Siedlung;
Brasilien
port.;
nach Teresa Cristina (1822–1889), Kaiserin von Brasilien
Terni
Siedlung;
Italien
lat.;
von Interamna = Zwischen den Flüssen
Ternopol
Siedlung;
UdSSR
ukr.;
Dornenfeld
Terpenije
Kap;
UdSSR
russ.;
Geduld
Terre Haute
Siedlung;
USA
frz.;
Hohes Gelände
Tersakkan
Fluß;
UdSSR
kasach.;
Unregelmäßig fließend
Terskej-Alatau
Gebirge;
UdSSR
kirgis.;
Schattiges buntes Gebirge

Tesebasar
Siedlung;
UdSSR
turkmen.;
Neuer Markt
Tetri Zkaro
Siedlung;
UdSSR
georg.;
Weiße Quelle
Tevarya/Tiberias
Siedlung;
Israel
hebr.;
nach Tiberius (42 v. u. Z.–37), röm. Kaiser
Texarkana
Siedlung;
USA
engl.
aus den Anfangsbuchstaben von Texas u. Arkansas zusammengesetzt (liegt an der gemeinsamen Grenze)
Texas
Gliedstaat;
USA
indian.;
vermutlich Guter Freund
Thailand
Staat;
Asien
Land der Thai (= Freie)
Thälmannowo
Siedlung;
UdSSR
dt.;
nach Ernst Thälmann (1886–1944), Arbeiterführer
Theben s. Thivai
Themse
Fluß;
Großbritannien
kelt.;
vermutlich sich ausbreitendes Wasser
Thermopylen
Engpaß;
Griechenland
grch.;
Warme Tore
Thessaloníki
Siedlung;
Griechenland
grch.;
nach Thessaloníki, einer Schwester Alexander des Großen und Frau von Kassandros (355–297 v. u. Z.)
Thívai
Siedlung;
Griechenland
altgrch.;
Hügel
Thjorsá
Fluß;
Island
isl.;
Thors Fluß
Thorez
Siedlung;
UdSSR
frz.;
nach Maurice Thorez (1900–1964), Arbeiterführer
Three Kings
Inseln;
Neuseeland
engl.;
Drei Könige
Thunder Bay
Siedlung;
Kanada
engl.;
Donnerbucht

Thursday Island
Insel;
Australien
engl.;
Donnerstaginsel

Thurso
Siedlung;
Großbritannien
altnord.;
Thors Insel

Tianjin
Siedlung;
China
chin.;
von Tianjinwei = Fähre für den Sohn des Himmels

Tianschan
Gebirge;
China/UdSSR
chin.;
Himmelsgebirge

Tianshui
Siedlung;
China
chin.;
Himmelswasser

Tiberias s. Tevarya

Tiber
Fluß;
Italien
kelt.;
vermutlich von Dubr = Wasser

Tibesti
Gebirge;
Tschad
arab.;
vermutlich viele Steine

Tibet
Autonome Provinz;
China
tibet.;
von Stod-bod = Hochland des Bodvolkes; von Arabern zu Tobet, Tibet

Tiburón
Insel;
Mexiko
span.;
Hai

Tigris
Fluß;
Türkei/Irak
akkad./sumer.;
Pfeilschnell

Tiksi
Siedlung;
UdSSR
jak.;
von Tigis = Hafen

Tilimsan
Siedlung;
Algerien
Berberspr.;
von Tilmisan = Quellen

Timor
Insel;
Indonesien
indones.;
Osten

Tiraspol
Siedlung;
UdSSR
grch.;
Stadt am Tyras (Dnestr)

Tiree
Insel;
Großbritannien
kelt.;
von Tireth = Kornland

Tirunelveli
Siedlung;
Indien
Tamil;
Heiliger Reisfeldzaun, Schiwa schützte das Feld eines Anhängers.

Tit-Ary
Siedlung;
UdSSR
jak.;
Lärcheninsel
Titograd
Siedlung;
Jugoslawien
serbokr.;
Stadt des Josip Broz Tito (1892–1981), Staatsmann
Titwan
Siedlung;
Marokko
arab.;
vermutlich von Ti-ta-win = Öffne die Augen. (Zuruf der Wächter bei einer Belagerung)
Tjatja
Berg;
UdSSR
Ainu;
Vaterberg
Tjumen
Siedlung;
UdSSR
tat.;
Zehntausend, große Anzahl
Tlemcen s. Tilimsan
Tobol
Fluß;
UdSSR
Turkspr.;
Teiler, Grenzfluß
Togdheer
Fluß;
Somalia
Somali;
Lang und trocken
Togliatti
Siedlung;
UdSSR
ital.;
nach Palmiro Togliatti (1893–1964), Arbeiterführer
Togo
Staat;
Afrika
Ewe;
Jenseits der Lagune
Tohoku
Landschaft;
Japan
jap.;
Nordosten
Tokio
Siedlung;
Japan
jap.;
von Tokyo = Östliche Hauptstadt
Tokushima
Siedlung;
Japan
jap.;
Tugendinsel
Tolbuhin
Siedlung;
Bulgarien
russ.;
nach Fjodor Iwanowitsch Tolbuchin (1894–1949), Held der Sowjetunion
Torbat-e Heydariyeh
Siedlung;
Iran
pers.;
Grabmal des Heydar (gest. 1230), islam. Heiliger
Torino
Siedlung;
Italien
kelt.;
nach dem Volksstamm der Tauriner

Torrenssee
Australien
engl.; nach Robert Torrens, Premierminister von Südaustralien (1857)
Torresstraße
Australien/Papua-Neuguinea
span.;
nach Luis Vaez de Torres, Seefahrer (Anfang 17. Jh.)
Tórshavn
Siedlung;
Dänemark; Färöer
färö.;
Thors Hafen
Torshok
Siedlung;
UdSSR
russ.;
von Torg = Markt
Tortola
Insel;
Brit. Jungferninseln
span.;
Turteltaube
Tortue
Insel;
Haïti
frz.;
Schildkröte
Tours
Siedlung;
Frankreich
kelt.;
n. dem Stamm der Turonen
Townsville
Siedlung;
Australien
engl.;
nach Robert Towns 1864 benannt
Trabzon
Siedlung;
Türkei
grch.;
von Trapeza = Tisch, Tafel
Trafalgar
Kap;
Spanien
arab.;
von Tarf al-Gharb = Westspitze
Trakai
Siedlung;
UdSSR
lit.;
Lichtung
Transvaal
Provinz;
Südafrika
lat.;
Jenseits des Vaal
Trapani
Siedlung;
Italien
grch.;
von Drépanon = Sichel
Trás os Montes
Landschaft;
Portugal
port.;
Hinter den Bergen
Treinta y Tres
Siedlung;
Uruguay
span.;
Dreiunddreißig
Trenton
Siedlung;
USA, New Jersey
engl.;
nach William Trent, dem Gründer (1714)
Três Lagoas
Siedlung;
Brasilien
port.;
Drei Seen

Tres Picos, Cerro
Berg;
Argentinien
span.;
Dreispitzenberg
Trichur
Siedlung;
Indien
sanskrit;
Kleiner heiliger Platz
Triest
Siedlung;
Italien
slaw.;
von Trst = Schilf
Triglav
Berg;
Jugoslawien
slowen.;
Drei Köpfe
Trinidad
Insel;
Trinidad u. Tobago
span.;
Dreieinigkeit
Tripolis
Siedlung;
Libyen
grch.;
Dreistadt
Tristan da Cunha
Insel;
St. Helena (brit.)
port.;
nach Tristão da Cunha, dem Entdecker (1506)
Trois-Rivières
Siedlung;
Kanada
frz.;
Drei Flüsse
Troïzk
Siedlung;
UdSSR
russ.;
Ort der Dreieinigkeit
Trombetas
Fluß;
Brasilien
port.;
Trompeten
Troy
Siedlung;
USA
engl.;
Troia
Trujillo
Siedlung;
Spanien
lat.;
von Turris Julia = Turm des Julius, nach Julius Cäsar (100–44 v. u. Z.), röm. Kaiser
Tsaidam
Landschaft;
China
mongol.;
von Qaidam = Salzsumpf
Tschad
See;
Afrika
afrik.;
Wasser, See
Tschaikowski
Siedlung;
UdSSR
russ.;
nach Pjotr Iljitsch Tschaikowski (1840–1893), Komponist
Tschapajewsk
Siedlung;
UdSSR
russ.;
nach Wassilij Iwanowitsch Tschapajew (1887–1919), sowj. Volksheld

Tschaplygin
Siedlung;
UdSSR
russ.;
nach Sergej Alexandrowitsch Tschaplygin (1869–1942), Wissenschaftler

Tschara
Fluß;
UdSSR
ewenk.;
von Tschar = Sandbank

Tschardshou
Siedlung;
UdSSR
turkmen.;
Vier Flüsse

Tscharenzawan
Siedlung;
UdSSR
armen.;
nach Jegische Abgarowitsch Tscharenz/Sogomonjan (1897–1937), sowjetischer Dichter

Tschatkal
Fluß;
UdSSR
Altturkspr.;
Schlucht

Tschatyrkjol
See;
UdSSR
kirgis.;
Zeltsee

Tschebarkul
Siedlung;
UdSSR
Turkspr.;
Bunter See

Tscheboksary
Siedlung;
UdSSR
finnougr.;
Fluß des Tschebak

Tschechoslowakei
Staat;
Europa
Staat der Tschechen u. Slowaken; v. Čechove = Vorderste (Stamm) u. v. Slawy = Menschen

Tschechow
Siedlung;
UdSSR
russ.;
nach Anton Pawlowitsch Tschechow (1860–1904), Schriftsteller

Tschekalin
Siedlung;
UdSSR
russ.;
nach Alexandr Pawlowitsch Tschekalin (1925–1941), Held der Sowjetunion

Tschekanowskigebirge
UdSSR
russ.;
nach Alexandr Lawrentjewitsch Tschekanowski (1833–1876), Forscher

Tscheleken
Halbinsel; UdSSR
Turkspr.
Vier Reichtümer (Erdöl, Erdwachs, Salz u. Ocker)

Tscheljabinsk
Siedlung;
UdSSR
baschkir.;
von Tscheljaba = Schüssel

Tscheljuskin
Kap;
UdSSR
russ.;
nach Semjon Iwanowitsch Tscheljuskin (um 1700–nach 1760), Polarforscher

Tschelkar
Siedlung;
UdSSR
kasach.;
Ausgedehnt, umfangreich

Tscheremchowo
Siedlung;
UdSSR
russ.;
von Tscherjomucha = Faulbaum

Tscherkassy
Siedlung;
UdSSR
ukr.;
von Tscherkessen gegründet (1394)

Tschernenko
Siedlung;
UdSSR
russ.;
nach Konstantin Ustinowitsch Tschernenko (1911–1985), sowj. Staatsmann

Tschernigow
Siedlung;
UdSSR
ukr.;
nach Fürst Tscherny (7. Jh.)

Tschernjachowsk
Siedlung;
UdSSR
russ.;
nach Iwan Danilowitsch Tschernjachowski (1906 bis 1945), Held der Sowjetunion

Tschernowzy
Siedlung;
UdSSR
ukr.;
von Tscherny = Schwarz (nach der Farbe des Bodens)

Tschernyschowgebirge
UdSSR
russ.;
nach Feodossij Nikolajewitsch Tschernyschow (1856–1914), Geologe

Tscherskigebirge
UdSSR
russ.;
nach Iwan Dementjewitsch Tscherski (1845–1892), Geologe

Tscherwen
Siedlung;
UdSSR
beloruss.;
Juni

Tscherwonograd
Siedlung;
UdSSR
ukr.;
Rote Stadt

Tschetschenen und Inguschen, ASSR der
UdSSR
nach den Siedlungen Tschetschen o. Tschatschan bzw. Angusch o. Ingusch (Eigenbezeichnungen Nachtscho bzw. Galgai)

Tschimkent
Siedlung;
UdSSR
Turkspr.;
Grüne, grasfarbene Stadt

Tschingis-Tau
Gebirge;
UdSSR
Turkspr.;
Berg des Dschingis-Khan

Tschirtschik
Siedlung;
UdSSR
Turkspr.;
Verkleinerung von Tschir = Schnell

Tschistopolje
Siedlung;
UdSSR
russ.;
von Tschistoje Pole
= Sauberes, reines Feld
Tschita
Siedlung;
UdSSR
ewenk.;
Ton, Lehm
Tschkalowsk
Siedlung;
UdSSR
russ.;
nach Walerij Pawlowitsch Tschkalow (1904–1938), Held der Sowjetunion
Tschoibalsan
Siedlung;
Mongolei
mongol.;
nach Chorloogiin Tschoibalsan (1895–1952), Staatsmann
Tschornyje Semli
Landschaft;
UdSSR
russ.;
Schwarze Länder
Tschuktschenhalbinsel
UdSSR
tschuktsch.;
von Tschawtschu = Reich an Rentieren (So nennen sich die Tundratschuktschen, während sich die Küstentschuktschen als Ankalyn (= Am Meer) bezeichnen.)
Tschussowaja
Fluß;
UdSSR
komi-permjak.;
Schneller Fluß
Tuamotuinseln
Frz.-Polynesien
polyn.;
Wolkeninseln
Tuapse
Siedlung;
UdSSR
kaukas.;
Zwei Wasser
Tubarão
Siedlung;
Brasilien
port.;
Hai
Tucson
Siedlung;
USA
indian.;
Dorf der dunklen Quelle am Fuß des Berges
Tula
Siedlung;
UdSSR
balt.;
Siedlung am neuen Ort
Tulun
Siedlung;
UdSSR
burjat.;
Ledersack
Tunesien
Staat;
Asien
n. der Hauptstadt Tunis, vermutl. nach der Göttin Tanith
Tunguska
Fluß;
UdSSR
russ.;
n. den Tungusen (Ewenken), von ket. Tungaske = Menschen aus drei Geschlechtern (Rentier, Pferd, Hund)
Tura
Fluß;

UdSSR
tat.;
Befestigter Platz
Turfan s. Turpan
Turgai
Fluß;
UdSSR
kasach.;
Sperling
Turin s. Torino
Türkei
Staat;
Asien
Land der Türken
(= Mensch, stark u. mächtig
o. Räuber)
Turkmenien
SSR;
UdSSR
Land der Turkmenen, v. Turk
s. Türkei u. -men = -schaft
(im Sinne von Völkerschaft)
Turksinseln
(brit.)
span.;
nach dem Türkenkopf (Melocactus communis), einer Kaktusart
Turku
Siedlung;
Finnland
finn.;
Handelsplatz
Turpan
Siedlung;
China
uigur.;
Tiefland
Turquino, Pico
Berg;
Kuba
span.;
Türkisblauer Gipfel
Tursunsade
Siedlung;
UdSSR
tadshik.;
nach Mirso Tursun-Sade
(1911–1978),
Schriftsteller
Turtkul
Siedlung;
UdSSR
Turkspr.;
Vierseitig
Tuscaloosa
Siedlung;
USA
indian.;
nach dem Indianerhäuptling Tuscaloosa (= schwarzer Krieger), der 1540 gegen die Spanier kämpfte
Tutajew
Siedlung;
UdSSR
russ.;
nach I. P. Tutajew (erm. 1918),
Rotarmist
Tuvalu
Staat;
Ozeanien
polyn.;
Acht Atolle
Tuwa
ASSR;
UdSSR
tuwin.;
von Tywa = Menschen
Tuzsee
Türkei
türk.;
Salzsee
Twin Falls
Siedlung;
USA
engl.;
Zwillingsfälle

Tyler
Siedlung;
USA
engl.;
nach John Tyler (1790–1862), US-am. Präsident

Tynda
Siedlung;
UdSSR
ewenk.;
Fluß der Rentierweide

U

Uchta
Fluß;
UdSSR
komi;
Abschwemmen, ausschwemmen

Uda
Fluß, zum Ochotskischen Meer;
UdSSR
ewenk.;
Ruhig, still

Uda
Fluß, zur Selenga;
UdSSR
burjat.;
Mittag

Udaipur
Siedlung;
Indien
Sanskrit;
Stadt des Sonnenaufganges

Udatschny
Siedlung;
UdSSR
russ.;
Erfolgreich

Udmurtien
ASSR;
UdSSR
nach den Udmurten (vermutlich nach dem im 10.–12. Jh. an der Kama lebenden Volk Ud benannt)

Ueda
Siedlung;
Japan
jap.;
Oberes Feld

Uganda
Staat;
Afrika
Bantu;
Land der Ganda (Baganda)

Uglitsch
Siedlung;
UdSSR
altruss.;
Stelle mit großen Flußwindungen

Uïl
Fluß;
UdSSR
kasach.;
Einsturz

Uitenhage
Siedlung;
Südafrika
ndl.;
nach J. A. Uitenhage de Mist, dem Gründer (1804)

Ujedinenije
Insel;
UdSSR
russ.;
Einsamkeit

Ukraine
SSR;
UdSSR
slaw.;
vermutlich von U Kraja = An

der Grenze (am Rand des slaw. Gebietes)

Ulan-Bator/Ulaanbaatar
Siedlung;
Mongolei
mongol.;
Roter Held

Ulan-Burgassy
Gebirge;
UdSSR
burjat.;
Rotes Gebüsch

Ulanhot
Siedlung;
China
mongol.;
Rote Stadt

Ulan-Ude
Siedlung;
UdSSR
burjat.;
Rote Stadt an der Uda

Ulgii
Siedlung;
Mongolei
mongol.;
Wiege

Uliastai
Siedlung;
Mongolei
mongol.;
von Ulias = Espe

Uljanowsk
Siedlung;
UdSSR
russ.;
nach Wladimir Iljitsch Lenin/Uljanow (1870–1924), Klassiker des Marxismus-Leninismus

Ulukışla
Siedlung;
Türkei
türk.;
Großes Dorf

Ulutau
Gebirge;
UdSSR
Turkspr.;
Große Berge

Umnugowj
Siedlung;
Mongolei
mongol.;
Südgobi, südliche Wüste

Undurchaan
Siedlung;
Mongolei
mongol.;
Hoher Herrscher

Ungarn
Staat;
Europa
vermutlich von der Urheimat Jugorien am Ural

Ungava
Halbinsel;
Kanada
eskim.;
Weit entfernt

Ural
Fluß;
UdSSR
v. Jaik durch Elisabeth II. v. Rußland 1775 umbenannt, da dieser Name mit dem Pugatschowaufstand verbunden war

Ural
Gebirge;
UdSSR
Turkspr.;
vielleicht von Araltau = Inselberge

Uranium City
Siedlung;
Kanada
engl.;
Uranstadt

Urshum
Siedlung;
UdSSR
Mari;
Eichhörnchenort
Uruapán
Siedlung;
Mexiko
indian.;
Wo die Blumen im Überfluß sind
Uruguay
Fluß;
Südamerika
indian.;
vielleicht Vogelschwanz
Ürümqi
Siedlung;
China
uigur.;
Lieblicher Weideplatz
Urup
Insel;
UdSSR
Ainu;
Lachs
Usbekistan
SSR;
UdSSR
Turkspr.;
Land der Usbeken (türk. Nomadenstämme, die sich unter Führung des Chans der Goldenen Horde Usbek (gest. 1341) zusammenschlossen)
Usboi
Fluß;
UdSSR
Turkspr.;
Gebiet d. Abhänge, Schluchten
Uschakowinsel
UdSSR
russ.;
nach Georgij Alexejewitsch Uschakow (1901–1963), sowj. Polarforscher
Uschtobe
Siedlung;
UdSSR
kasach.;
Drei Hügel
Ushgorod
Siedlung;
UdSSR
ukr.;
Stadt am Ush
Usola
Fluß;
UdSSR
Mari;
Neues Dorf
Ussolje-Sibirskoje
Siedlung;
UdSSR
russ.;
Sibirische Saline
Ústí
Siedlung;
ČSSR
tschech.;
Mündung
Ust-Ilimsk
Siedlung;
UdSSR
russ.;
Ort an der Mündung des Ilim
Ustinow
Siedlung;
UdSSR
russ.;
nach Dmitrij Fjodorowitsch Ustinow (1908–1985), sowj. Staatsmann
Ustjurt
Landschaft;
UdSSR
kasach.;
Ebene Höhe, Hochebene

Utah
Gliedstaat;
USA
indian.;
nach dem Volk der Ute
(= Großgewachsene)

Utschkurgan
Siedlung;
UdSSR
Turkspr.;
Drei Festungen

Uttar Pradesh
Gliedstaat;
Indien
Hindi;
Nördliches Gebiet

Uusikaupunki
Siedlung;
Finnland
finn.;
Neustadt

Uusimaa
Provinz;
Finnland
finn.;
Neues Land

Uzunköprü
Siedlung;
Türkei
türk.;
Lange Brücke

V

Vaal
Fluß;
Südafrika
ndl.;
Fahl, gelbbraun

Vaasa
Siedlung;
Finnland
schwed.;
nach dem Adelsgeschlecht Vasa/Wasa

Vache, Ile-à-
Insel;
Haïti
frz.;
Kuhinsel

Vălčidol
Siedlung;
Bulgarien
bulg.;
Wolfstal

Val-de-Marne
Département;
Frankreich
frz.;
Marnetal

Valdivia
Siedlung;
Chile
span.;
nach Pedro de Valdivia (um 1498–1554), Konquistador

Val-d'Or
Siedlung;
Kanada
frz.;
Goldtal

Valencia
Siedlung;
Spanien
lat.;
Die Starke, Mächtige

Valenciennes
Siedlung;
Frankreich
lat.;
wahrscheinlich nach Valentinianus I. (321–375), röm. Kaiser

Valga
Siedlung;
UdSSR
lett.;
Übersetzen über den Fluß

Valkeakoski
Siedlung;
Finnland
finn.;
Weißer Wasserfall

Valle de la Pascua
Siedlung;
Venezuela
span.;
Tal des Osterfestes

Valletta
Siedlung;
Malta
frz.;
nach Jean Parisot de La Valette (1494–1568), Großmeister des Johanniterordens

Valparaíso
Siedlung;
Chile
span.;
Paradiestal

Vancouver
Siedlung;
Kanada
engl.;
nach George Vancouver (1757–1798), Seefahrer

Van-Diemen-Golf
Australien
ndl.;
nach Anton van Diemen (1593–1645), Staatsmann

Vansittartinsel
Kanada
engl.;
nach Nicholas Vansittart (1766–1851), Politiker

Vanua Levu
Insel;
Fidschi
melan.;
Großes Land

Vanuatu
Staat;
Ozeanien
Bislama;
Aus dem Meer aufsteigend

Varanasi
Siedlung;
Indien
Hindi;
nach den hier in den Ganges mündenden Flüssen Varana u. Asi

Varangerfjord
Norwegen
norw.;
nach den Warägern, Wikingern

Vardar
Fluß;
Jugoslawien
alb.;
vielleicht von Bardha = Weiß, sauber

Várpalota
Siedlung;
Ungarn
ung.;
Burgpalast

Vasil Levski
Siedlung;
Bulgarien
bulg.;
nach Vasil Levski (1837–1873), Führer der nationalrev. Bewegung

Vasvár
Siedlung;
Ungarn
ung.;
Eisenburg

Vatikan
Staat;
Europa
lat.;
nach der Papstresidenz auf dem Monte Vaticano

Vatnajökull
Gletscher;
Island
isl.;
Wassergletscher
Vaucluse
Département;
Frankreich
lat.;
von Vallis Clausa
= Geschlossenes Tal
Velika Kapela
Gebirge;
Jugoslawien
serbokr.;
Große Kapelle
Venedig/Venezia
Siedlung;
Italien
lat.;
als Venetia von vor Attila
geflüchteten Venetern
gegründet
Venezuela
Staat;
Südamerika
span.;
Klein-Venedig
Veniaminof
Berg;
USA, Alaska
russ.;
nach Iwan Jewsejewitsch
Weniaminow (1797–1879),
Missionar u. Ethnograph
Ventspils
Siedlung;
UdSSR
lett.;
Burg an der Venta
Veracruz
Siedlung;
Mexiko
span.;
Wahres Kreuz
Verde, Kap
Senegal
port.;
Cabo Verde = Grünes Kap
Verde, Rio
Fluß;
Brasilien
port.;
Grüner Fluß
Vereenigung
Siedlung;
Südafrika
afrikaans;
Vereinigung
Vermont
Gliedstaat;
USA
frz.;
von Monts Verts = Grüne
Berge
Vestmannaeyjar
Siedlung;
Island
isl.;
Westmännerinseln
Vezirköprü
Siedlung;
Türkei
türk.;
Wesirbrücke
Viborg
Siedlung;
Dänemark
dän.;
Heiliger Berg
Vich
Siedlung;
Spanien
lat.;
von Vicus = Dorf, Ort
Vichy
Siedlung;
Frankreich

lat.;
von Vicus Calidus = Warmer Ort

Victoria
Siedlung;
Kanada
engl.;
nach Victoria (1819–1901), brit. Königin

Victoria
Siedlung;
USA
span.;
nach Guadelupe Victoria (1789–1843), mex. Präsident

Victoriasee
Afrika
engl.;
nach Victoria (1819–1901), brit. Königin

Vidzeme
Landschaft;
UdSSR
lett.;
Mittelland

Viedma
Siedlung;
Argentinien
span.;
nach Francisco de Viedma, dem Gründer (1779)

Viejo, Cerro
Berg;
Ekuador
span.;
Alter Berg

Vietnam
Staat;
Asien
vietnames.;
Land des Südens

Vihren
Berg;
Bulgarien
bulg.;
stürmisch

Vila Real
Siedlung;
Portugal
port.;
Königliche Stadt

Vila Velha
Siedlung;
Brasilien
port.;
Alte Stadt

Villa Hayes
Siedlung;
Paraguay
engl.;
nach Rutherford B. Hayes (1822–1893), US-amerikanischer Präsident

Villahermosa
Siedlung;
Mexiko
span.;
Schöne Stadt

Villarrica
Siedlung;
Chile
span.;
Reiche Stadt

Villarrobledo
Siedlung;
Spanien
span.;
Eichenwaldstadt

Villavicensio
Siedlung;
Kolumbien
span.;
nach Antonio Villavicensio, Führer im Befreiungskampf

Villaviciosa
Siedlung;
Spanien

span.;
Lasterhafte Stadt
Vilnius
Siedlung;
UdSSR
lit.;
von Vilnis = Welle, nach dem
Fluß Vilnia
Viña del Mar
Siedlung;
Chile
span.;
Weinberg am Meer
Vindhya
Gebirge;
Indien
Sanskrit;
Das Zerrissene
Virginia
Gliedstaat;
USA
engl.;
von Virgin = Jungfrau, nach
Elizabeth I. (1533–1603),
Königin von England
Visegrad
Siedlung;
Ungarn
slaw.;
Hohe Burg, hochgelegene
Stadt
Viti Levu
Insel;
Fidschi
melan.;
Großes Fidschi
Vitória
Siedlung;
Brasilien
port.;
Sieg
Vittoria
Siedlung;
Italien
ital.;
nach Vittoria Colonna, Frau
von Luigi Enriquez, Graf von
Modica
Vittorio
Siedlung;
Italien
ital.;
nach Vittorio Emanuele II.
(1820–1878),
ital. König
Vogel Peak
Berg;
Nigeria
dt.;
nach Eduard Vogel
(1829–1856),
Forscher
Vojvodina
Autonomes Gebiet;
Jugoslawien
serbokr.;
Herzogtum
Volta
Fluß;
Ghana
port.;
Kurve, Windung
Vormsi
Insel;
UdSSR
schwed.;
von Ormsö
= Schlangeninsel
Võrtsjärv
See;
UdSSR
estn.;
Schlammsee
Võru
Siedlung;
UdSSR
estn.;
Ring

Vostok
Insel;
Kiribati
russ.;
nach der Wostok, dem Schiff des russ. Seefahrers Bellingshausen (1778–1852)

W

Wabash
Fluß;
USA
indian.;
Weiß scheinend
Waschsch
Fluß;
UdSSR
tadshik.;
Rasend, wild
Wadi Natrun
Landschaft;
Ägypten
arab.;
Natrontal
Wadu-Lui-Wode
Siedlung;
UdSSR
moldau.;
Fürstenfurt
Waigatsch
Insel;
UdSSR
russ.;
nach Iwan Waigatsch,
dem Entdecker (16. Jh.)
Waiheke
Insel;
Neuseeland
Maori;
Fallende Wasser
Waikato
Fluß;
Neuseeland
Maori;
Fließendes Wasser
Waitaki
Fluß;
Neuseeland
Maori;
Tropfendes Wasser
Wake
Insel;
(US-am.)
engl.;
nach William Wake,
dem Entdecker
(1796)
Waldai
Höhen;
UdSSR
finn.;
Weiße Berge
Wales
Landesteil;
Großbritannien
altengl.;
Fremde
Walichanowo
Siedlung;
UdSSR
kasach.;
nach Tschokan Tschingissowitsch Walichanow
(1835–1865), Wissenschaftler
Walla Walla
Siedlung;
USA
indian.;
Viel Wasser
Wallis
Insel;
Wallis u. Futuna (frz.)
engl.;
nach Samuel Wallis, der 1767 die Insel besuchte

Walsall
Siedlung;
Großbritannien
altengl.;
von Waleshale = Halle der Fremden
Warren
Siedlung;
USA
engl.;
nach Moses Warren, Vermesser
Warschau/Warszawa
Siedlung;
Polen
Herkunft unklar;
vielleicht nach einem masow. Fürsten Warsz
Washington
Siedlung;
USA
engl.;
nach George Washington (1732–1799), 1. Präsident der USA
Wausau
Siedlung;
USA
indian.;
Weit entfernter Ort
Waynesboro
Siedlung;
USA
engl.;
nach Anthony Wayne (1745–1796), US-am. General des Unabhängigkeitskrieges
Wazirabad
Siedlung;
Pakistan
pers.;
Stadt des Wazir Khan, des Gründers (18. Jh.)
Weddellmeer
Antarktis
engl.;
nach James Weddell (1787–1834), Forscher u. Walfänger
Wegener-Inlandeis
Antarktis
dt.;
nach Alfred Wegener (1880–1930), Geophysiker
Weihai
Siedlung;
China
chin.;
Würdevolles Meer
Weihnachtsinsel
(austral.)
am 24. 12. 1643 von W. Mynors entdeckt, ursprünglich Moni genannt, 1777 von Cook umbenannt
Welikaja
Fluß;
UdSSR
russ.;
Die Große
Welikije Luki
Siedlung;
UdSSR
russ.;
Große Windungen
Welikoje, Osero
See;
UdSSR
russ.;
Großer See
Wellesley-Inseln
Australien
engl.;
nach Richard Colley Wellesley (1760–1842), Staatsmann

Wellington
Siedlung;
Neuseeland
engl.;
nach Arthur Wellesley, Duke
oft Wellington (1769–1852),
Offizier u. Staatsmann
Wenzhou
Siedlung;
China
chin.;
Warmes Gebiet
Werchojansk
Siedlung;
UdSSR
russ.;
Ort an der oberen Jana
Wereschtschagino
Siedlung;
UdSSR
russ.;
nach Wassilij Wassiljewitsch
Wereschtschagin (1842–1904),
Maler
Wetluga
Fluß;
UdSSR
Mari;
Möwenfluß
Wetreny Pojas
Landschaft;
UdSSR
russ.;
Windgürtel
Weyprechtbucht
UdSSR
dt.;
nach Karl Weyprecht
(1838–1881),
Polarforscher
Whangarei
Siedlung;
Neuseeland
Maori;
Sumpfige Bucht
Wheeling
Siedlung;
USA
indian.;
Ort des Kopfes
Whitehaven
Siedlung;
Großbritannien
engl.;
Weißer Hafen
Whitehorse
Siedlung;
Kanada
engl.;
Weißes Pferd
Whitney, Mount
Berg;
USA
engl.;
nach Josiah Dwight Whitney
(1819–1896), Geologe
Whitsunday
Insel;
Australien
engl.;
Pfingsten
Whyalla
Siedlung;
Australien
austral.;
Ort mit tiefem Wasser
Wichita
Siedlung;
USA
indian.;
nach den Wichita-Indianern
Wick
Siedlung;
Großbritannien
nord.;
von Vik = Bucht
Wicklow
Siedlung;

Irland
kelt.;
von Wykingalo = Wikingersee
Wielka Sowa
Berg;
Polen
poln.;
Große Eule
Wielkopolska
Landschaft;
Polen
poln.;
Großpolen
Wiese-Insel
UdSSR
russ.;
n. Wladimir Juljewitsch Wiese
(1886–1954), Polarforscher
Wight
Insel;
Großbritannien
angelsächs.;
vermutlich von Hvit = Weiß,
Weiße Insel
Wilhelminsel
Svalbard (norw.)
dt.;
nach Wilhelm I. (1797–1888),
König von Preußen
Wilhelminagebirge
Suriname
ndl.;
n. Wilhelmina (1880–1962),
Königin der Niederlande
Wilkes-Barre
Siedlung;
USA
engl.;
nach John Wilkes (1725–1797)
u. Isaac Barré, brit. Politiker
Wilkesland
Antarktis
engl.;
nach Charles Wilkes (1798–
1877), US-am. Polarforscher
Wilkizki-Insel
UdSSR
russ.;
nach Andrej Ippolitowitsch
Wilkizki (1858–1913),
Geodät
Wilkizkistraße
Meeresstraße;
UdSSR
russ.;
nach Boris Andrejewitsch
Wilkizki (1885–1961),
Geodät
Willemstad
Siedlung;
Ndl. Antillen
ndl.;
nach Willem von Oranien
(1533–1584)
Wilmington
Siedlung;
USA
engl.;
nach Spencer Compton, Earl
oft Wilmington (1673–1743),
Politiker
Wilwa
Fluß;
UdSSR
komi-permjak.;
Neuer Fluß
Winchester
Siedlung;
Großbritannien
kelt. bzw. angelsächs.;
von Caer Gwent = Weiße
Stadt bzw. Wintanceaster
= Weiße Burg
Windhoek
Siedlung;
Namibia*
afrikaans;
Windecke

Windwardinseln
Mittelamerika
engl.;
Windwärtige, im Luv liegende Inseln

Winisk
Fluß;
Kanada
indian.;
Schnepfe

Winnipegsee
Kanada
indian.;
Dunkles Wasser

Winniza
Siedlung;
UdSSR
ukr.;
Branntweinbrennerei

Winogradow
Siedlung;
UdSSR
ukr.;
Ort der Weintrauben

Winston-Salem
Siedlung;
USA
engl. u. hebr.;
nach Joseph Winston, US-am. Offizier im Unabhängigkeitskrieg, u. von Salem = Frieden (bis 1913 zwei Orte)

Wischnewogorsk
Siedlung;
UdSSR
russ.;
Ort am Kirschenberg

Wisconsin
Gliedstaat;
USA
indian.;
Unser Heimatland

Witjas-II-Tiefe
Stiller Ozean
russ.;
nach der Witjas (= Recke), einem sowj. Schiff

Wjasma
Siedlung;
UdSSR
russ.;
sumpfige Stelle

Wladimir
Siedlung;
UdSSR
russ.;
nach Wladimir Wsewolodowitsch Monomach (1053 bis 1125), Großfürst von Kiew

Wladimir Wolynski
Siedlung;
UdSSR
ukr.;
nach Wladimir Swjatoslawitsch (gest. 1015) Fürst von Kiew

Wladiwostok
Siedlung;
UdSSR
russ.;
Beherrsche den Osten

Wolchow
Fluß;
UdSSR
altruss.;
von Wolcha = Erle

Wolga
Fluß;
UdSSR
Herkunft unklar, vielleicht altfinn.;
von Wol = Klar, weiß u. Ga = Fluß

Wolgograd
Siedlung;
UdSSR
russ.;
Wolgastadt

Wolkowysk
Siedlung;
UdSSR
slaw.;
Wolfshöhe
Wollastonsee
Kanada
engl.;
nach William Hyde Wollaston (1766–1828), Naturforscher
Wologda
Siedlung;
UdSSR
altruss.;
vermutlich von Wologo = Milchprodukte (große Bedeutung in dieser Gegend)
Wolokolamsk
Siedlung;
UdSSR
russ.;
Schleppstelle an der Lama, Trageplatz an der Lama
Wolshski
Siedlung;
UdSSR
russ.;
Ort an der Wolga
Worga-Schor
Siedlung;
UdSSR
Komi;
Bachbett
Woronesh
Siedlung;
UdSSR
russ.;
vielleicht von Worona = Krähe o. Woronoi = schwarz nach dem Fluß Woronesh (früher Welikoi Woronoi)
Wolstenholme
Kap;
Kanada
engl.;
nach John Wolstenholme, Förderer von Expeditionen
Workuta
Siedlung;
UdSSR
nenz.;
Bär
Woroschilowgrad
Siedlung;
UdSSR
ukr.;
nach Kliment Jefremowitsch Woroschilow (1881–1969), sowj. Staatsmann
Woskressensk
Siedlung;
UdSSR
russ.;
Ort der Auferstehung
Wosnessensk
Siedlung;
UdSSR
ukr.;
Ort der Himmelfahrt
Wosroshdenije
Insel;
UdSSR
russ.;
Wiedergeburt
Woßchod
Siedlung;
UdSSR
russ.;
Aufgang (der Gestirne)
Wostok
Polarstation;
Antarktis
russ.;
Osten
Wrangelinsel
UdSSR
russ.;
nach Ferdinand Petrowitsch

WRA

Baron von Wrangel
(1797–1870), Polarforscher

Wrangellgebirge
USA, Alaska
russ.;
nach Ferdinand Petrowitsch
Baron von Wrangel
(1797–1870), Polarforscher

Wrath
Kap;
Großbritannien
nord.;
von Hvarf = Wendepunkt

Wrocław
Siedlung;
Polen
slaw.;
vielleicht nach Vratislaw I. von
Böhmen (Anfang 10. Jh.)

Wuhan
Siedlung;
China
chin.;
aus den ersten Silben von
Wuchang, Hankou u. Hanyang
zusammengesetzt

Wu Jiang
Fluß;
China
chin.;
Krähenfluß

Wuzishan
Berg;
China
chin.;
Fünffingerberg

Wuxi
Siedlung;
China
chin.;
Ohne Zinn (Die nahe gelegenen Zinnminen waren erschöpft.)

Wyborg
Siedlung;
UdSSR
schwed.;
Heilige Burg

Wyoming
Gliedstaat;
USA
indian.;
Große Ebene zwischen den
Bergen

Wyschny Wolotschok
Siedlung;
UdSSR
russ.;
Hohe Schleppstelle, Oberes
Trageplätzchen

Wyssokaja, Gora
Berg; UdSSR
russ.;
Hoher Berg

X

Xánthi
Siedlung;
Griechenland
grch.;
von Xanthos = Gelb, blond

Xenia
Siedlung;
USA
grch.;
Gastfreundschaft

Xiamen
Siedlung;
China
chin.;
ursprünglich Daxiazhimen
= Tor des hohen Gebäudes

Xi'an
Siedlung;
China

chin.;
westliche Ruhe, westlicher Frieden
Xi Jiang
Fluß;
China
chin.;
Westfluß
Xining
Siedlung;
China
chin.;
Westlicher Friede
Xinjiang
Autonomes Gebiet;
China
chin.;
Neues Grenzgebiet
Xochicalco
Ruinenstätte;
Mexiko
aztek.;
Ort des Blumenhauses
Xuefeng
Berg;
China
chin.;
Schneeberg

Y

Yamagata
Siedlung;
Japan
jap.;
Bergförmig
Yarkant
Siedlung;
China
pers.;
Ort der Freunde
Yellowknife
Siedlung;
Kanada
engl.;
Gelbes Meer
Yellowstone
Fluß;
USA
engl.;
Gelber Stein
Yeşilırmak
Fluß;
Türkei
türk.;
Grüner Fluß
Yokkaichi
Siedlung;
Japan
jap.;
Markt am 4. Tag des Monats
Yokohama
Siedlung;
Japan
jap.;
Seitlicher Strand
York
Siedlung;
Großbritannien
dän.;
von Jordwig
= Sumpfort (von den dänisch-normannischen Eroberern 867 benannt)
Yorkehalbinsel
Australien
engl.;
nach Charles Philip Yorke, Politiker
Youngstown
Siedlung;
USA
engl.;
nach dem Gründer (1797) John Young, Vermesser

Yucatán
Halbinsel;
Mexiko
indian.;
vermutlich von I-ke-tan = Ich verstehe nicht.

Yukon
Fluß;
Kanada/USA
indian.;
von Yukchana = Großer Fluß

Yumen
Siedlung;
China
chin.;
Jadetor

Yunnan
Provinz;
China
chin.;
Südlich des Yun (Wolken)-Gebirges

Z

Zabrze
Siedlung;
Polen
slaw.;
wahrscheinlich von Zadborze = Hinter dem Wald

Zagaannuur
Siedlung;
Mongolei
mongol.;
Weißer See

Zagreb
Siedlung;
Jugoslawien
serbokr.;
Jenseits des Berges

Zaïre
Staat;
Afrika
einheim.;
nach dem Fluß Zaïre (kongol. = Großer Fluß)

Zamboanga
Siedlung;
Philippinen
mal.;
von Jambangan = Blumenort

Zanesville
Siedlung;
USA
engl.;
nach Ebenezer Zane (gest. 1823), dem Gründer (1797)

Zanzibar
Insel;
Tansania
arab.;
vermutlich Land der Schwarzen

Zapata
Halbinsel;
Kuba
span.;
Schuh, Stiefel

Zaragoza
Siedlung;
Spanien
lat.;
von Caesaraugusta = Kaiser Augustus

Zard Kuh
Berg;
Iran
pers.;
Gelber Berg

Zaria
Siedlung;
Nigeria
Haussa;
nach einer Königin Zaria (16. Jh.)

Zchenis-Zkali
Fluß;
UdSSR
georg.;
Pferdefluß
Zeeland
Provinz;
Niederlande
ndl.;
Meeresland
ZEK-Iswestija-Inseln
UdSSR
russ.;
Inseln der Nachrichten des
Zentralen Exekutivkomitees
Železná Ruda
Siedlung;
ČSSR
tschech.;
Eisenerz
Zelinograd
Siedlung;
UdSSR
russ.;
Neulandstadt
Zezerleg
Siedlung;
Mongolei
mongol.;
Blumengarten
Zielona Góra
Siedlung;
Polen
poln.;
Grüner Berg
Ziteli-Zkaro
Siedlung;
UdSSR
georg.;
Rote Quelle
Zjurupinsk
Siedlung;
UdSSR
ukr.;
nach Alexandr Dmitrewitsch
Zjurupa (1870–1928), sowj.
Staatsmann
Zna
Fluß;
UdSSR
mordwin.;
schlammig
Zypern
Staat;
Asien
semit.;
vielleicht von Zypresse oder
nach den Kupfervorkommen

Verwendete Literatur
(Auswahl)

Bol'šaja sovetskaja ėnciklopedija. 3. Aufl. Moskau 1970–1978.

EGLI, J. J.
Nomina Geographica. 2. Aufl. Leipzig 1893.

Kratkaja geografičeskaja ėnciklopedija. Moskau 1960–1966.

MEL'CHEEV, M. N.
Geografičeskie imena. Toponimičeskij slovar'. Moskau 1961.

Meyers Neues Lexikon. 2. Aufl. Leipzig 1972–1978.

MURZAEV, Ė. M.
Srednjaja Azija. Fiziko-geografičeskij očerk. Moskau 1957.

The New Encyclopædia Britannica in 30 Volumes. Macropædia. Chicago u. a. 1978.

STERNFELS, W.
Unsere Ortsnamen im A-B-C erklärt. Bonn u. a. 1961.

Sovetskij Sojuz. Geografičeskoe opisanie v 22 tomach. Moskau 1966–1972.

Verzeichnis der Exonyme und anderer geographischer Namen in deutscher Sprache für kartographische Erzeugnisse der DDR. Berlin 1986.